I0112240

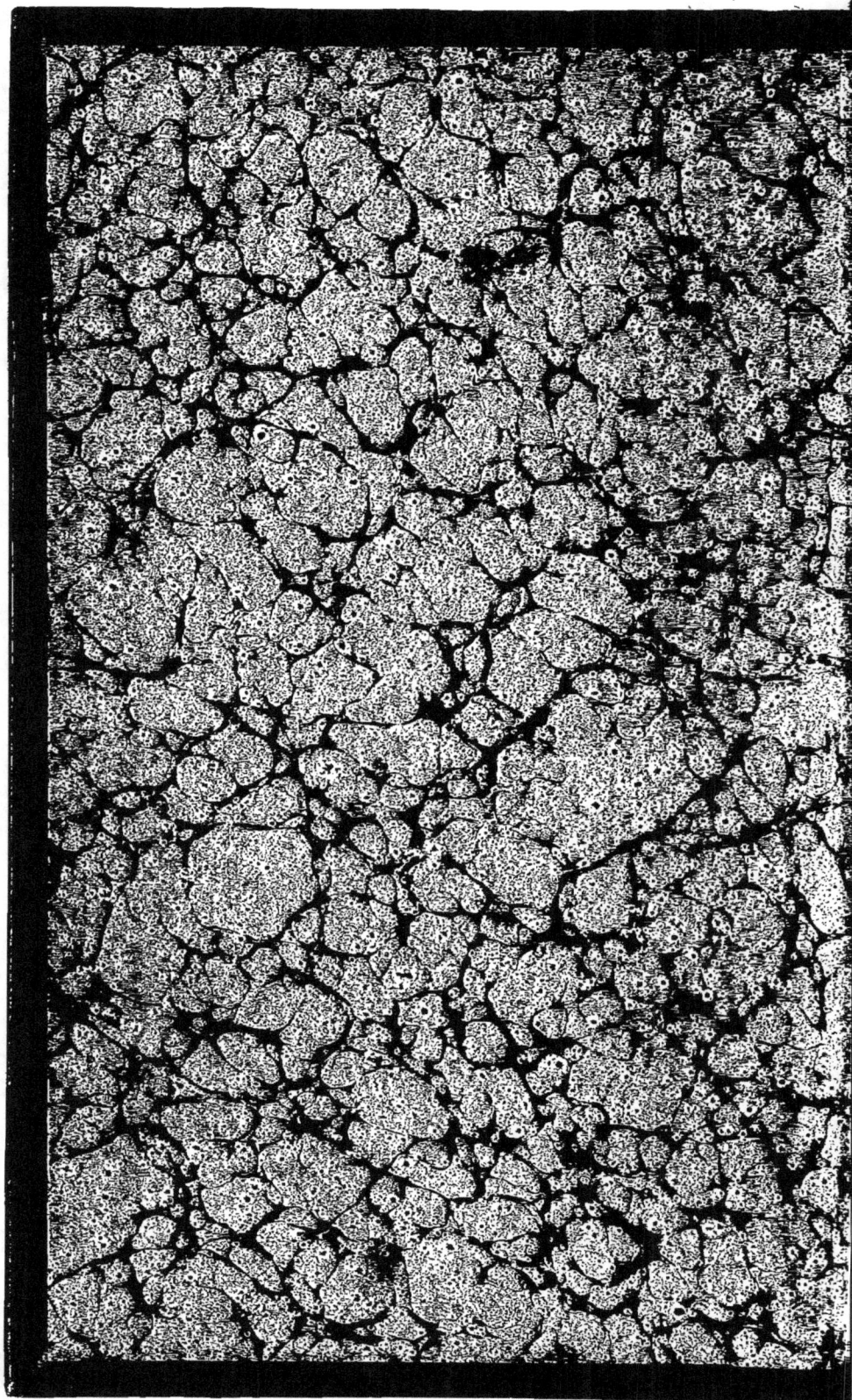

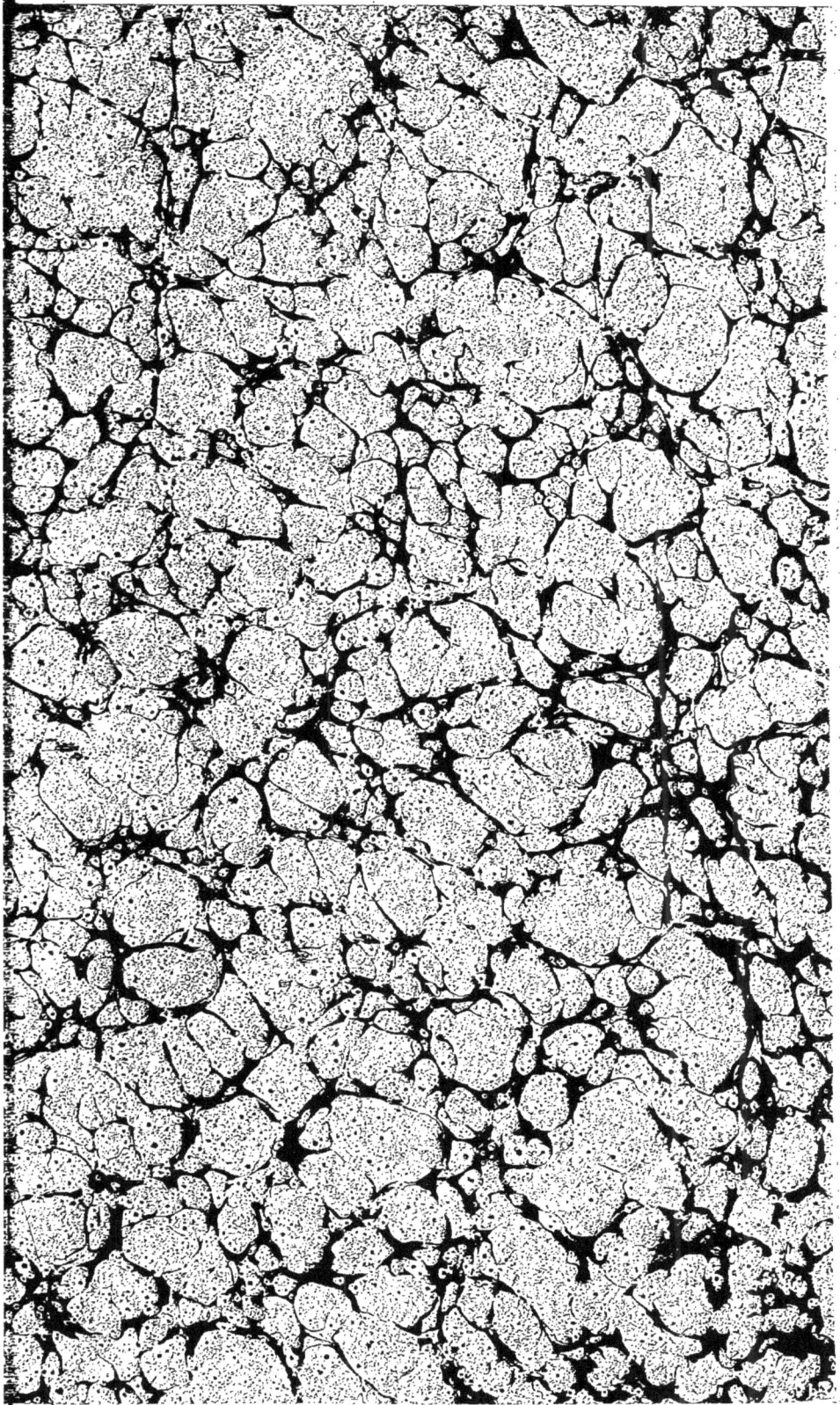

BIBLIOTHEQUE MORALE

DE

LA JEUNESSE

PUBLIÉE

AVEC APPROBATION

Mégard et Cⁱᵉ   Libⁱᵉ de Napoléon Iᵉʳ Titre

Napoléon général de l'armée d'Italie.

Paris Imp. Renou Rue de la ...

HISTOIRE

DE

NAPOLÉON IER

PAR BACHELET

ROUEN

MÉGARD ET Cie, LIBRAIRES-ÉDITEURS

1868

Propriété des Editeurs

Mégard et cie

Les Ouvrages composant **la Bibliothèque morale de la Jeunesse** ont été revus et **ADMIS** par un Comité d'Ecclésiastiques nommé par SON ÉMINENCE MONSEIGNEUR LE CARDINAL-ARCHEVÊQUE DE ROUEN.

—

L'Ouvrage ayant pour titre : **Histoire de Napoléon Ier**, a été lu et admis.

Le Président du Comité

Picard

Archip. de la Métrop.

Avis des Éditeurs.

Les Éditeurs de la **Bibliothèque morale de la Jeunesse** ont pris tout à fait au sérieux le titre qu'ils ont choisi pour le donner à cette collection de bons livres. Ils regardent comme une obligation rigoureuse de ne rien négliger pour le justifier dans toute sa signification et toute son étendue.

Aucun livre ne sortira de leurs presses, pour entrer dans cette collection, qu'il n'ait été au préalable lu et examiné attentivement, non-seulement par les Éditeurs, mais encore par les personnes les plus compétentes et les plus éclairées. Pour cet examen, ils auront recours particulièrement à des Ecclésiastiques. C'est à eux, avant tout, qu'est confié le salut de l'Enfance, et, plus que qui que ce soit, ils sont capables de découvrir ce qui, le moins du monde, pourrait offrir quelque danger dans les publications destinées spécialement à la Jeunesse chrétienne.

Aussi tous les Ouvrages composant la **Bibliothèque morale de la Jeunesse** sont-ils revus et approuvés par un Comité d'Ecclésiastiques nommé à cet effet par Son Éminence Monseigneur le Cardinal-Archevêque de Rouen. C'est assez dire que les écoles et les familles chrétiennes trouveront dans notre collection toutes les garanties désirables, et que nous ferons tout pour justifier et accroître la confiance dont elle est déjà l'objet.

HISTOIRE

DE

NAPOLÉON IER.

CHAPITRE 1.

Origine, éducation et jeunesse de Napoléon Bonaparte.

Les Bonaparte, dont le nom s'écrivait indifféremment *Buonaparte* ou *Bonaparte* avant que Napoléon Ier en fixât l'orthographe, ont joué un rôle distingué dans les annales de l'Italie. Dès l'année 1178, un Jean Bonaparte était célèbre à Trévise. Au XIIIe siècle, on distinguait trois branches de cette famille noble : 1° la branche de Trévise, qui fournit plusieurs podestats à Vérone, et s'éteignit en 1397 avec Servadius Bonaparte, prieur des chevaliers *Gaudenti* ; 2° la branche de Florence, à laquelle se rattachaient les Bonaparte de San-

Miniato-al-Tedesco, et qui finit vers 1570, dans la personne de Jean Bonaparte, gentilhomme attaché aux Orsini ; 3° la branche de Sarzane, dans le territoire de Gênes, la plus illustre et la seule survivante, et dont un membre, Louis-Marie-Fortuné Bonaparte, se fixa à Ajaccio en 1612.

La famille Bonaparte était inscrite à Venise sur le *Livre d'or*. Un portrait de la galerie des Médicis représente une Bonaparte mariée à un membre de cette famille. La mère du pape Paul V était, dit-on, une Bonaparte. Au siècle dernier, pendant les guerres d'Italie, les Bolonais présentèrent au général Bonaparte de vieux titres qui unissaient sa famille à d'autres maisons historiques.

Les Bonaparte ne furent point étrangers à la littérature. En 1592, Nicolas Bonaparte de San-Miniato publia à Florence une comédie intéressante, *la Vedova* (la Veuve), réimprimée à Paris en 1803. Un autre Nicolas Bonaparte, savant illustre, fut le fondateur, à l'université de Pise, d'une chaire de jurisprudence. Son neveu, Jacques Bonaparte, écrivit une curieuse *Relation historique de la prise et du sac de Rome en l'année* 1527 (par le connétable de Bourbon), publiée en italien à Cologne en 1756, traduite en français par Hamelin en 1809, et rééditée en 1830, à Florence, par Napoléon-Louis Bonaparte.

L'empereur Napoléon Ier traita toujours fort légèrement les adulations par lesquelles on essayait de donner à sa famille une antiquité et une illustration fabuleuses. Dans les dernières années du Consulat, quand on voulait rattacher son nom aux vieilles royautés de l'Europe, il disait : « Ma noblesse ne date que de Montenotte. » Lors de son

mariage avec Marie-Louise, l'empereur d'Autriche,
François, père de cette archiduchesse, se fit présenter tous les titres de la famille Bonaparte. « Je
ne lui donnerais pas ma fille, disait-il, si je n'étais
convaincu que sa famille est aussi noble que la
mienne. » Napoléon répondait encore en 1812 à
ce souverain, qui lui rappelait ses titres, « qu'il
n'attachait pas le moindre prix à ces choses-là ;
qu'au contraire il tenait à être le Rodolphe de
Habsbourg de sa race. »

On ne peut donc accorder qu'une médiocre confiance aux travaux de généalogistes entraînés par
l'enthousiasme ou aux ingénieuses flatteries de
courtisans avides de plaire. Ainsi, en 1800, l'Italien Césaris prétendit prouver les alliances des
Bonaparte avec la maison d'*Est, Welf* ou *Guelf*,
désignée comme tige de la ligne allemande qui
gouverne aujourd'hui l'Angleterre. D'autres firent
descendre Napoléon des Comnène, empereurs
grecs de Constantinople. Si l'on devait en croire
quelques écrivains, les Bonaparte appartiendraient
à ces familles de Maïnotes qui, abandonnant la
Grèce aux XIVe et XVe siècles, vinrent fonder en
Corse une colonie. Ou bien encore, il résulterait
de manuscrits conservés à Majorque que les Bonaparte sont une famille d'origine provençale ou
languedocienne, transplantée en Espagne. Enfin
il s'est trouvé quelqu'un qui a sérieusement débité
que Napoléon descendait en ligne directe de
l'*homme au masque de fer*. Toutes ces prétentions
problématiques rappellent les luttes des villes
grecques se disputant l'honneur d'avoir donné le
jour à Homère.

Au XVIIIe siècle, les Bonaparte de Corse n'étaient

1.

plus représentés que par deux descendants mâles : Lucien Bonaparte, archidiacre, prêtre pieux et tolérant, et Charles-Marie Bonaparte, assesseur à la juridiction d'Ajaccio. Celui-ci épousa en 1767 Lætitia Ramolino, dont il eut huit enfants : Joseph, roi de Naples et puis d'Espagne ; Napoléon, dont nous écrivons l'histoire ; Lucien, prince de Canino ; Élisa, princesse de Lucques et de Piombino ; Louis, roi de Hollande, père de l'empereur actuel ; Marie-Pauline, princesse Borghèse ; Caroline, épouse de Murat, roi de Naples ; et Jérôme, roi de Westphalie. L'archidiacre Lucien, un moment avant de mourir, et après avoir exhorté tous ses neveux réunis autour de son lit, disait à Joseph : « Tu es l'aîné de la famille, mais souviens-toi toujours que Napoléon en est le chef. » Il avait entrevu dans son jeune neveu des germes de grandeur.

Charles-Marie Bonaparte s'était vivement opposé à la réunion de la Corse à la France, et avait pris parti pour Paoli. Quand les troupes françaises, victorieuses à Ponte-Novo, marchèrent sur Corte, siège de la résistance, il s'enfuit avec un grand nombre de familles dans les chaînes de Monte-Rotondo. Lætitia, alors enceinte de sept mois, subit des privations de toute espèce, des angoisses de toutes les heures. La famille Bonaparte s'était à peine résignée à accepter la domination française et à rentrer dans Ajaccio, lorsque Napoléon vint au monde, le jour de l'Assomption, 15 août 1769. Il naissait au moment où les malheurs mêmes de sa famille lui donnaient le titre de Français.

Parlant plus tard de ses premières années, Napoléon disait : « Je n'étais qu'un enfant obstiné et curieux. » Cette curiosité devait bientôt se transformer en un vif besoin de connaître les hommes et les choses, et cette obstination en une énergique volonté, capable de réaliser les plus hautes conceptions. Un naturel bouillant, promptement réprimé par la vigoureuse autorité de sa mère, un amour exalté de l'indépendance, un orgueil opiniâtre à cacher ses larmes ou à ne demander aucune grâce, une générosité de sentiment qui le portait, soit à taire les fautes de ses frères et de ses sœurs, soit à en supporter le châtiment immérité, tels furent les caractères de l'enfance de Napoléon. La duchesse d'Abrantès raconte une anecdote qu'elle dit tenir de Napoléon lui-même. L'archidiacre Lucien avait envoyé à la famille une corbeille de raisins, de figues et de cédrats. Les fruits disparurent, et Napoléon, qui avait alors sept ans, fut accusé de les avoir dérobés et mangés. Comme il nia, il fut fouetté. Ne voulant pas demander grâce, puisqu'il n'était pas coupable, il reçut encore les verges. Pendant trois jours, où il n'eut à manger que du pain et du fromage, il ne versa pas une larme. Enfin, sa sœur Elisa vint s'accuser.

Il aimait à se retirer dans un pavillon situé au milieu d'une grotte voisine de la maison de campagne où sa famille passait l'été, à deux kilomètres d'Ajaccio. Dans cette retraite solitaire, il agitait déjà peut-être les plus brillants rêves d'avenir.

Le comte de Marbœuf, gouverneur de la Corse, s'intéressait à la famille Bonaparte. Comme il entrait, d'ailleurs, dans la politique de la France de s'attacher les principaux habitants de l'île conquise, Napoléon, âgé de dix ans, fut admis à l'École militaire de Brienne, et Elisa à la maison royale de Saint-Cyr.

Sa physionomie étrangère, son accent italien, son nom même, l'exposèrent, au milieu de ses condisciples, à des railleries auxquelles son caractère décidé mit bientôt un terme. Fier et silencieux, réservé dans ses sympathies et ses amitiés, ne se mêlant aux jeux ordinaires que pour les diriger, se plaisant surtout à ceux qui simulaient des combats, il ne tarda pas même à prendre dans l'école une certaine autorité. Docile à ses maîtres, non par crainte, mais par réflexion et par intelligence du devoir, il était aussi humilié d'une pénitence que d'une injure. Condamné un jour à dîner à genoux, revêtu d'un habit de pénitence, il fut pris d'une attaque de nerfs si violente, qu'il fallut l'exempter de cette réparation.

Le jeune Napoléon montra peu d'aptitude à l'étude des langues : rebelle au latin, il ne parvint même qu'à une orthographe imparfaite du français. Mais il travailla avec ardeur aux mathématiques, et y fit de notables progrès ; il avait pour maître le P. Patrault, de l'ordre des Minimes, et pour répétiteur Pichegru, le futur conquérant de la Hollande.

A sa sortie de Brienne en 1783, il fut recommandé au ministre de la guerre par M. de Keralio, inspecteur des écoles militaires. Voici la note singulière qui lui valut une dispense d'âge pour entrer à l'Ecole militaire de Paris :

« M. de Bonaparte, taille de quatre pieds dix pouces dix lignes, a fait sa quatrième ; de bonne constitution, santé excellente, caractère soumis, honnête et reconnaissant ; conduite très-régulière ; s'est toujours distingué par son application aux mathématiques ; il sait très-passablement son histoire et sa géographie ; il est assez faible dans les exercices d'agrément et pour le latin ; *ce sera un excellent marin ;* mérite de passer à l'École de Paris. »

Dans sa nouvelle position, Napoléon se fit encore remarquer par ses succès dans les sciences exactes. Il prenait aussi un plaisir infini à la lecture de Plutarque ; la vie des héros grecs et romains, les grandes expéditions militaires de l'antiquité, excitaient son enthousiasme. De pareilles dispositions, jointes au goût assez altéré de l'époque et entretenues par la nature hardie et quelque peu sauvage de son esprit, donnèrent à ses exercices littéraires un certain cachet de pompe emphatique. Son professeur de belles-lettres, Domairon, disait, en parlant de ses amplifications, que « c'était du granit chauffé au feu des volcans. »

L'École militaire de Paris n'était guère ouverte qu'à des jeunes gens de riches familles, élevés dans des habitudes de luxe et de prodigalité. Napoléon, qui était boursier, ne pouvait partager ces folles dépenses ; et pour ne point être amené à un aveu de pauvreté, qui lui eût été pénible, il évitait toute liaison et vivait dans un sombre isolement.

En 1785, il perdit son père à Montpellier. Lorsque, sous le Consulat, les notables de cette ville voulurent lui élever un monument, Napoléon, tout en les remerciant avec effusion, leur dit : « Ne troublons pas le repos des morts. J'ai perdu aussi mon grand-père et mon arrière-grand-

père, pourquoi ne ferait-on rien pour eux ? Voyez !
ce que vous m'offrez mène loin. Si c'était hier
que j'eusse perdu mon père, je serais fort reconnaissant que l'on voulût bien accompagner
mon deuil de quelques hautes marques d'intérêt ;
mais un événement qui date de vingt ans est fini
et étranger à la France. » Néanmoins, quelques
années plus tard, Louis Bonaparte fit transporter
le corps de son père à Saint-Leu, dans la vallée
de Montmorency, où un monument lui est consacré.

Un ami de la famille, M. de Permon, établi à
Paris, quai de Conti, faisait venir chez lui Napoléon aux jours de congé. Souvent il vit éclater son
indignation concentrée contre le luxe dont il était
blessé à l'Ecole militaire. On lit dans les *Mémoires*
de Mme d'Abrantès quelques scènes caractéris-
tiques. M. de Permon avait appris qu'un déjeuner
devait être offert par les élèves de l'Ecole à un de
leurs maîtres. Remarquant chez Napoléon une tris-
tesse plus grande que de coutume et en devinant
la cause, il lui offrit la petite somme dont il avait
besoin. Celui-ci rougit, et refusa sèchement. M. de
Permon recourut alors à un subterfuge ; il assura
au jeune homme qu'à la mort de son père il avait
reçu de lui quelque argent. « Il me regarda fixe-
ment, dit-il en racontant cette anecdote, et avec
un œil si scrutateur, que j'en fus presque intimidé.
— Puisque cet argent vient de mon père, répondit-il, je l'accepte ; mais si c'eût été à titre de
prêt, je n'aurais pu le recevoir. Ma mère n'a déjà
que trop de charges ; je ne dois pas les augmenter
par des dépenses, surtout lorsqu'elles me sont
imposées par la folie stupide de mes camarades. »

Sa sœur se trouva dans un embarras semblable,
à l'occasion d'un goûter d'adieu que les demoi-
selles de Saint-Cyr donnaient à une de leurs
amies. Il était allé la voir avec Mme de Permon et
son frère, M. de Comnène ; recevant la confidence
d'une humiliation qu'il partageait, il rougit de
colère et frappa violemment du pied. Dès qu'on
fut remonté en voiture, il éclata en invectives
contre Saint-Cyr et l'Ecole militaire, et accusa
en termes si amers la mauvaise organisation de
ces maisons royales, que M. de Comnène l'inter-
rompit vivement. « Tais-toi ! lui dit-il ; il ne t'appartient pas, étant élevé par la charité du roi, de
parler ainsi que tu le fais. — Je ne suis pas élève
du roi, reprit Napoléon tremblant de colère, je
suis élève de l'Etat. — Tu as trouvé là une belle
distinction ! ajouta M. de Comnène, qui ne com-
prenait pas cette hardiesse d'opinion. Mais que
tu sois élève du roi ou de l'Etat, il n'importe. Le
roi n'est-il pas l'Etat d'ailleurs ? Et puis, je ne
veux pas que tu parles ainsi de ton bienfaiteur
devant moi. — Je ne dirai rien qui vous déplaise,
poursuivit le jeune homme ; permettez-moi seulement d'ajouter que si j'étais le maître de rédiger
les règlements, ils le seraient autrement pour le
bien de tous. »

Lorsque Napoléon devint en effet le maître, il
introduisit l'égalité la plus parfaite dans le régime
intérieur des écoles militaires ; s'il y eut des riches
et des pauvres, aucun des élèves ne dut s'en
apercevoir.

Les blessures que reçut son amour-propre à
l'Ecole militaire durent exercer de l'influence sur
ses premières opinions politiques ; il était natu-

rcl qu'il accueillît avec ardeur tout ce qui tendait à effacer les supériorités de rang et de fortune
qui l'avaient tant fait souffrir, et qu'il se fît le dis-
ciple des philosophes du xviiie siècle. Sa correspondance avec ses parents, ouverte et quelquefois
brûlée par les professeurs de l'Ecole, contenait
d'irrévérencieuses paroles envers le roi. Sous le
Consulat, il reçut souvent à la Malmaison M. de
l'Eguille, qui lui avait enseigné l'histoire; il lui
disait un jour : « De toutes vos leçons, celle qui
m'a laissé le plus d'impression, c'est la révolte du
connétable de Bourbon; mais vous aviez tort de
me dire que son plus grand crime avait été de
faire la guerre à son roi. Son véritable crime fut
d'être venu attaquer la France avec les étrangers. »
C'était encore une de ces distinctions que la révolution de 1789 a fait passer de la théorie dans les
faits.

Napoléon passa ses examens de sortie en 1785.
A peine âgé de seize ans, il obtint une lieutenance
en second au régiment de la Fère, et bientôt après
fut promu au grade de lieutenant dans un corps
d'artillerie en garnison à Valence.

CHAPITRE II.

——

Bonaparte officier d'artillerie. — 13 et 14 vendémiaire.

Bonaparte était à Valence, lorsque s'ouvrirent les états généraux (5 mai 1789) : il se trouva, dès le commencement, mêlé aux passions du temps dans cette province du Dauphiné qui en fut si violemment agitée. Il était loin de prévoir encore jusqu'où le mèneraient ces événements.

Nommé par droit d'ancienneté capitaine au 4e régiment d'artillerie à pied, le 6 février 1791, il obtint peu après un congé. Etant alors allé en Corse, il trouva cette île profondément divisée entre le parti de l'indépendance, que soutenait l'Angleterre, et le parti français, que défendait faiblement Paoli. Pour lui, il se montra ce qu'il devait être toute sa vie, énergique et résolu; et ayant fait contre la garde nationale d'Ajaccio une vigoureuse sortie, il se vit accusé à Paris, par les mécontents, comme complice des troubles qu'il venait de réprimer. Cette accusation eut pour lui l'heureux résultat de le ramener à Paris; là, témoin des journées du 20 juin et du 10 août, il assista à ces premières tempêtes populaires après lesquelles lui seul, un jour, devait ramener le calme et la sérénité. Ayant vu, le 20 juin, le roi Louis XVI forcé de paraître à une des fenêtres des Tuileries, le bonnet rouge sur la tête : « *Che coglione*, s'écria-t-il à la vue de cette populace se ruant dans la demeure de ses rois, comment a-t-on pu laisser entrer cette canaille? Il fallait en balayer quatre ou cinq cents avec le canon, et le reste courrait encore (1). »

Le 10 août, il put être témoin des mêmes excès d'un côté, et de la même faiblesse de l'autre; il souffrait comme homme et comme soldat de voir victorieuses ces masses indisciplinées du peuple qu'il eût voulu faire rentrer dans l'ordre.

Son heure n'était pas encore venue. Vivant obscur à Paris, obligé de mettre sa montre en gage (2), il eut alors à supporter avec courage et résignation ces épreuves difficiles qui attendent tout homme au commencement de sa carrière, fût-il un homme de génie.

Forcé de retourner en Corse, où il lui était plus facile de vivre au milieu de sa famille, il continua de s'y montrer défenseur zélé du parti français. Il attaqua Paoli, qui venait de faire défection, gagné par l'or et par les agents de l'Angleterre; mais il échoua deux fois contre Ajaccio, qu'il

---

(1) Mémoires de Bourrienne.
(2) *Ibid.*

ne put reprendre. Pendant que sa famille, frappée d'un décret de bannissement, s'embarquait pour Nice, et peu après allait se fixer à Marseille, il se rendait à Paris, où le rappelait sans cesse son activité dévorante. Cette activité allait trouver enfin l'occasion de se satisfaire : c'était le moment où les Girondins, vaincus à Paris, soulevaient les départements, et Toulon venait d'être livré aux Anglais par les fédérés. L'armée de la Convention assiégeait la ville; Bonaparte fut envoyé par le comité de salut public pour diriger l'artillerie du siége, en qualité de commandant en second.

Arrivé au quartier général, le 12 septembre, il fut frappé tout d'abord de l'imperfection et de l'insuffisance des mesures déjà prises. Le 15 octobre, dans un conseil de guerre présidé par un représentant du peuple, il osa combattre un plan d'attaque envoyé par le comité de salut public, et en proposer un nouveau, qui consistait avant tout à s'emparer du Petit-Gibraltar. « Toulon est là, disait-il; soixante-douze heures après la prise de ce fort, nous serons maîtres de la ville. » Habile dans le conseil, il n'était pas moins brave dans l'action ; après avoir commandé en général, il marchait en soldat, sachant bien que, pour dominer et entraîner les hommes, rien n'égale l'autorité de l'exemple. Un jour, un artilleur ayant été tué devant lui, il lui prit des mains le refouloir et chargea lui-même la pièce plusieurs fois; il y gagna une violente maladie de peau dont ce soldat avait été affecté; sa santé en fut altérée, mais son courage n'en fut pas diminué. Peu de temps après, dans une action très-vive où le général anglais O'Hara fut fait prisonnier, il recevait à la cuisse un coup de baïonnette qui fit craindre un instant la nécessité d'une amputation.

Chose peut-être plus merveilleuse encore, il savait communiquer aux autres ce courage dont il était rempli. Les canonniers ayant hésité un instant à servir une batterie exposée au feu de l'ennemi, il fit placer en avant un écriteau portant ces mots en gros caractères : « Batterie des hommes sans peur. » Le courage étant toujours, dans le soldat français, mêlé d'un grain de vanité, on s'envia aussitôt ce poste tout à l'heure tant redouté et que refusaient les plus braves. Lui-même, debout sur un parapet, resta exposé pendant trois jours à tous les dangers, du 14 décembre au 17 ; mais le Petit-Gibraltar fut pris, et il put alors dire à son vieux général accablé de fatigue : « Allez vous reposer maintenant ; nous venons de prendre Toulon, vous y coucherez demain. » Ses prévisions étaient justes : le 19 décembre, pendant que la flotte anglaise, humiliée et vaincue, brûlait en vain nos vaisseaux et croyait détruire notre marine, l'armée républicaine faisait son entrée. La nouvelle de ce succès inespéré arriva à Paris, qui ne s'y attendait guère, au moment même où une lettre des représentants à l'armée d'Italie, datée du 15 décembre, conseillait de lever le siége et d'attendre jusqu'au printemps. Ce fut une acclamation générale et un applaudissement universel ; le 25 décembre, la Convention elle-même ordonnait une fête nationale.

En vain on eût voulu oublier le jeune commandant d'artillerie auquel était due une si grande victoire. « Récompensez et avancez ce jeune homme, » écrivait son général, capable de l'apprécier, sinon

de commander mieux que lui ; il aurait même
ajouté, si l'on en croit les *Mémoires de Napoléon*,
publiés par MM. de Montholon et Gourgaud : « Car
si on était ingrat envers lui, il s'avancerait tout
seul. »

Le grade de général de brigade fut donné à
Bonaparte six semaines après, le 6 février 1794 ;
et il fut chargé de diriger l'armement des côtes
de la Méditerranée, puis de se rendre à l'armée
d'Italie, pour y commander l'artillerie. Accusé de
fédéralisme et dénoncé à la Convention, il échappa
à ces dangers intérieurs, et s'acquitta glorieuse-
ment au dehors de la mission difficile qui lui avait
été confiée. Les armées françaises, grâce à lui,
occupèrent tous les ports de Marseille à Gênes,
et elles se virent à l'entrée de l'Italie, dont les
barrières étaient déjà même franchies. Lui-même,
un matin, après une nuit passée sur le col de
Tende, put voir au soleil levant ces belles plaines
de la Péninsule, où peut-être déjà il brûlait de
descendre.

De nouveaux dangers faillirent l'arrêter alors
dans ses rêves de gloire. La révolution du 9 thermidor venait de renverser Robespierre, et tout
homme soupçonné d'avoir été partisan du dictateur était accusé et condamné ; il se vit, comme
tel, mis en état d'arrestation par les nouveaux
représentants auprès de l'armée d'Italie, parmi
lesquels était Salicetti, son jeune compatriote. Arrêté, il refusa les offres de Junot, son aide de
camp, qui lui proposait de l'enlever de vive force
aux gendarmes qui le gardaient ; il aima mieux
réclamer par les voies légales, en adressant aux
représentants une note dans laquelle il lui était aisé

de se justifier. Du reste, cette poursuite fut aussi promptement abandonnée qu'elle avait été légèrement entreprise.

Rendu à la liberté, Bonaparte fit, pendant les premiers mois de 1795, plusieurs voyages à Toulon et à Marseille, pour inspecter les arsenaux et les batteries; c'est alors qu'à Toulon il se distingua par un trait de générosité, comme il s'y était distingué autrefois par des traits de bravoure et des actions d'éclat. Un corsaire français avait pris un navire espagnol et trouvé à bord plusieurs émigrés, qui furent provisoirement conduits à la prison. Alors se forment dans les rues des rassemblements tumultueux, demandant la mort de ces infortunés; vainement les représentants eux-mêmes cherchent à calmer cette multitude ignorante et passionnée comme toujours. « A la lanterne, s'écrie-t-on, à la lanterne les protecteurs des émigrés! » Heureusement Bonaparte a reconnu parmi les chefs de l'émeute plusieurs canonniers qui avaient autrefois servi sous lui; il reprend sur eux tout son ascendant. La foule se retire, dans l'espérance que le lendemain, au point du jour, ceux qu'elle considère comme ses ennemis seront traduits devant une commission extraordinaire; mais, la nuit à peine venue, leur généreux libérateur les enferme dans des caissons et les fait sortir comme un convoi d'artillerie : la générosité et la clémence conviennent aux grands courages et aux nobles cœurs.

Celui qui sauvait ainsi les autres allait se voir lui-même persécuté et poursuivi de nouveau. La réaction girondine continuait depuis le 9 thermidor; Bonaparte fût destitué de son commandement et porté sur le tableau des généraux d'infanterie. Comme le ministre girondin Aubry, auquel il était venu adresser ses réclamations et ses plaintes, lui opposait sa jeunesse : « On vieillit vite, dit-il, sur le champ de bataille, et j'en arrive. » C'était une vive épigramme à l'adresse du ministre, qui, bien que n'ayant jamais vu le feu, venait de se créer de sa propre autorité général de division et inspecteur d'artillerie. Mais une pareille réponse n'était pas faite pour lui obtenir justice ; aussi, n'ayant pas voulu se mettre en Vendée à la tête d'une guerre civile, ni surtout passer de l'artillerie dans l'infanterie, ce qu'il regardait comme une disgrâce et presque comme un déshonneur, il se trouva de nouveau refoulé dans l'obscurité et dans l'inaction.

Rentré à Paris, lui, le vainqueur de Toulon, l'organisateur de l'armée d'Italie, il vivait avec son aide de camp Junot dans un modeste hôtel garni, où les deux amis avaient une bourse commune et de communes privations. Il se trouva forcé de vendre, pour vivre, une collection précieuse d'ouvrages militaires qu'il avait rapportés de Marseille, malgré les faibles secours qui leur arrivaient parfois de leur famille. « Souvent, dit un historien, le général et son aide de camp, entièrement dénués de ressources, attendaient avec anxiété des nouvelles de la Bourgogne, séjour de la famille de Junot, pour savoir s'ils pourraient dîner. »

Accablé et fatigué de son oisiveté, comme d'autres l'eussent été du travail, Bonaparte se tourna alors un instant vers l'Orient, le pays des

merveilles et des rêves; il voulait aller en Turquie former au service de l'artillerie les troupes
du sultan, et il adressa à ce sujet une note au
comité de la guerre. Nécessairement ces brillantes
fantaisies d'un esprit amoureux des prodiges furent
peu goûtées de ceux qui naguère avaient fermé
l'oreille à de justes réclamations. Il fut donc obligé
de rester à Paris, spectateur silencieux des luttes
et des déchirements de la Convention, dont les
membres se décimaient eux-mêmes et s'envoyaient
à la mort les uns après les autres. Ces révolutions
tumultueuses et souvent sanglantes devaient lui
laisser l'espoir d'un changement prochain et d'un
retour de fortune.

Parfois cependant il semblait oublier ces rêves
d'une ambition contenue, pour s'abandonner tout
entier à des émotions plus douces et presque
pastorales. Junot connaissait Daubenton, qui,
avec quelques savants non moins modestes et
non moins heureux que lui, vivait au jardin des
Plantes, monument de paix et de gloire au milieu
des ruines de toute sorte. Bonaparte allait souvent entendre la parole du tranquille vieillard,
parcourir les serres et goûter un instant, lui
aussi, les consolantes douceurs de la retraite et de
l'étude; c'est surtout vers le soir qu'il aimait à
s'enfoncer sous de frais ombrages, jusqu'à ce que
la nuit, le chassant de cette paisible retraite, vînt
le rappeler malgré lui au sentiment d'une triste
réalité.

Du reste, même au sein de déplorables événements, il avait le secret de demeurer grand et
généreux. Salicetti, qui l'avait accusé autrefois
malgré son innocence, compromis à son tour dans

la conspiration de prairial, avait été décrété d'accusation; il aurait pu se venger de lui, il ne le fit pas; il lui reprocha seulement de s'être retiré chez Mme de Permon, au risque de faire tomber la tête de sa généreuse et imprudente protectrice. Il alla même chez cette dame, et accusa en termes violents la lâcheté de son compatriote. Mme de Permon nia qu'il fût venu lui demander un asile; cependant, quelques jours après, elle partait avec sa famille pour Bordeaux, emmenant Salicetti déguisé en domestique. A la première poste après Paris, au moment où l'on changeait de chevaux, une lettre lui fut remise. Voici ce qu'elle contenait :

« Je n'ai jamais voulu être pris pour dupe; je le serais à vos yeux, si je ne vous disais que je sais, depuis plus de vingt jours, que Salicetti est caché chez vous. Rappelez-vous mes paroles, madame de Permon, le jour même du 1er prairial. J'en avais la certitude presque morale. Maintenant je le sais positivement. Salicetti, tu le vois, j'aurais pu te rendre le mal que tu m'as fait, et, en agissant ainsi, je me serais vengé, tandis que toi tu m'as fait du mal sans que je t'eusse offensé. Quel est le plus beau rôle en ce moment, du mien ou du tien? Oui, j'ai pu me venger, et je ne l'ai pas fait. Peut-être diras-tu que ta bienfaitrice te sert de sauvegarde. Il est vrai que cette considération est puissante. Mais seul, désarmé et proscrit, ta tête eût été sacrée pour moi. Va, cherche en paix un asile où tu puisses revenir à de meilleurs sentiments pour ta patrie. Ma bouche sera fermée sur ton nom et ne s'ouvrira jamais. Re-

pens-toi, et surtout apprécie mes motifs. Je le
mérite, car ils sont nobles et généreux.

« Madame de Permon, mes vœux vous suivent
ainsi que votre enfant. Vous êtes deux êtres faibles,
sans nulle défense. Que la Providence et les prières
d'un ami soient avec vous. Soyez surtout-prudente,
et ne vous reposez jamais dans les grandes villes.
Adieu, recevez mes amitiés. »

« Cette lettre était sans signature, dit l'historien
auquel nous empruntons ces détails, mais on en
devina l'auteur. La générosité de Bonaparte fut
d'autant plus admirée, que l'on connaissait toute la
violence de son ressentiment. »

Malgré tant de véritable héroïsme, de dures
épreuves lui étaient encore réservées; attaché un
instant au comité topographique, il avait pu par
une note réparer les fautes de Kellermann, et diriger de loin, une fois encore, cette armée d'Italie
à laquelle on l'avait arraché. Mais au moment
même où il semblait reprendre son ancienne position, un coup inattendu vint le frapper : un arrêté du comité de salut public le raya de la liste
des officiers généraux. Il était donc victime
d'hommes médiocres et impuissants qui l'outra-
geaient, qui le réduisaient même à la misère. Aussi
déclamait-il avec autant de violence contre les
élégants du jour qu'on appelait *muscadins* que
contre les fautes répétées de la Convention; c'est
alors qu'il s'écriait, en se frappant le front : « Et
je n'ai pas vingt-six ans (1) ! »

Le moment approchait cependant où il allait
paraître et pour ainsi dire éclater au sein de la

---

(1) Mémoires de la duchesse d'Abrantès.

tempête, le 13 et le 14 vendémiaire. Bien que, dans ces célèbres journées, la Convention, aux prises avec la population de Paris, eût nommé Barras commandant en premier, ce fut Bonaparte, commandant en second, qui gagna la victoire ; ce fut lui qui, dans la rue Saint-Honoré, près de Saint-Roch, commanda le feu et dispersa les sections. Barras lui-même en convenait : « C'est à ses dispositions savantes et promptes, avait-il dit, qu'on doit la défense de cette enceinte, autour de laquelle il avait distribué les postes avec beaucoup d'habileté. » Quant à lui, Bonaparte, laissant ainsi à d'autres le soin de célébrer son triomphe, il s'occupait alors de faire absoudre le général Menou, voulant bien s'être montré plus habile que lui, mais sans pour cela le faire condamner à mort.

Il était désormais l'homme du nouveau gouvernement, le Directoire, qui venait de remplacer la Convention. Nommé général de division le 22 vendémiaire, il fut peu après appelé au commandement en chef de l'armée de l'intérieur. La position était difficile, car la famine régnait à Paris, et la faim ne s'apaise ni par la persuasion ni par la force ; souvent cependant il fit plus par une repartie heureuse qu'un autre n'eût pu faire par le canon. Un jour, une femme du peuple, monstrueusement grasse, s'écriait, en apostrophant un groupe d'officiers : « Tout ce tas d'épauletiers se moquent de nous ; pourvu qu'ils mangent et qu'ils s'engraissent bien, il leur est fort égal que le pauvre peuple meure de faim. » Bonaparte, qui était d'une maigreur extrême, l'interpelle : « Bonne femme, regarde-moi bien ; quel est le plus gras de nous deux ? » Lé peuple a ri et il est désarmé.

A cette époque, un matin, se présenta chez le général en chef un jeune garçon de douze ans ; il venait redemander l'épée de son père, mort général de la république, et le lendemain, sa mère, Joséphine Beauharnais, venait elle-même remercier Bonaparte. Ce fut un grand moment dans la vie de ce dernier ; car il aima dès lors celle qui devait être regardée comme son bon génie. Joséphine avait alors trente ans ; fille d'un riche planteur de Saint-Domingue, elle était amie de Mme Tallien ; par sa naissance, par ses relations, elle était donc digne de celui dont elle devait faire le bonheur. Le mariage fut célébré le 9 mars ; douze jours après, Bonaparte quittait la capitale. Nommé général en chef de l'armée d'Italie, il allait enfin retourner dans ce beau pays, qu'il n'avait jamais perdu de vue dans ses projets et dans ses rêves. Il voulait un triomphe complet ou une complète disgrâce, et, en prenant congé d'un ami, il lui adressait ces mots, qui renfermaient toute sa pensée : « Dans trois mois je serai à Milan ou à Paris. » Avant de tenter cette grande entreprise, il voulut aller à Marseille visiter sa famille et embrasser sa mère : simplicité héroïque et touchante, qui fait aimer celui qu'on admire. Enfin, le 27 mars, il arriva au quartier général de Nice.

L'état-major, composé d'officiers en général plus âgés que lui, était peu favorablement disposé à son égard ; dès la première entrevue, il sut se faire accorder le respect qu'on semblait prêt à lui refuser. « Au moment où les généraux se présentèrent chez lui pour le saluer, dit un historien à qui cette anecdote a été souvent racontée par le baron Desgenettes, il était occupé à consulter ses cartes, debout dans la chambre et tête nue; plongé dans ses méditations, il ne les avait pas entendus entrer. Dès qu'il les aperçut auprès de lui, il courut vers son chapeau qui était resté sur une chaise, le plaça vivement sur sa tête, et se retourna vers eux pour leur donner audience. La rapidité de son mouvement, la fierté de son regard, la hauteur de ses manières, produisirent sur eux une stupéfaction profonde; ils comprirent que ce jeune homme avait la conscience de son rang. Aucun ne fut tenté de mettre son autorité à l'épreuve. »

Peu de jours auparavant, la même chose était arrivée à Toulon. Decrès s'y trouvait alors, et, ayant beaucoup connu Bonaparte à Paris, il se croyait tout à fait libre avec lui. « Aussi, quand nous apprenons, raconte-t-il lui-même, que le nouveau général est sur le point d'arriver, je m'offre aussitôt à tous les camarades pour les présenter, en me faisant valoir de mes liaisons. Je cours plein d'empressement, de joie; le salon s'ouvre; je vais m'élancer, quand l'attitude, le regard, le son de voix suffisent pour m'arrêter; il n'y avait pourtant en lui rien d'injurieux, mais c'en fut assez; à partir de là, je n'ai jamais été tenté de franchir la distance qui m'avait été imposée (1). »

_____

(1) *Mémorial de Sainte-Hélène.*

CHAPITRE III.

Bonaparte général en chef de l'armée d'Italie. —
18 fructidor.

L'Italie, où Bonaparte était envoyé comme général en chef, n'était guère en mesure de lui résister. Partagée en divers sens par des fleuves et des montagnes, elle n'a jamais pu atteindre, comme d'autres Etats de l'Europe, l'unité politique, condition première de toute grandeur et de toute force. Toujours elle a été divisée en royaumes trop souvent ennemis les uns des autres, et dont la rivalité funeste a été pour les conquérants étrangers un encouragement et une espérance. Comme l'a dit plus tard Bonaparte lui-même, ce sont ces divisions intestines qui ont forgé les fers de l'Italie et qui ont ouvert une voie facile aux conquérants, déjà attirés par la fertilité du sol et la douceur du climat.

L'armée était pauvre et mal entretenue ; mais voici en quels termes le général savait soutenir son courage et ranimer ses espérances :

« Soldats !

« Vous êtes nus, mal nourris ; le gouvernement vous doit beaucoup, il ne peut rien vous donner. Votre patience, le courage que vous montrez au milieu de ces rochers sont admirables, mais ils ne vous procurent aucune gloire ; aucun éclat ne rejaillit sur vous. Je veux vous conduire dans les plus fertiles plaines du monde : de riches provinces, de grandes villes seront en votre pouvoir ; vous y trouverez honneur, gloire et richesses. Soldats d'Italie, manqueriez-vous de courage ou de constance ? »

Avec un pareil langage, il était sûr de les enflammer d'ardeur et de les entraîner sur ses pas ; mais il fallait avant tout s'ouvrir une entrée, et là était la difficulté ; car les Alpes se dressaient de toute leur hauteur comme d'infranchissables barrières. On sait ce que le passage de ces montagnes avait coûté de temps, d'efforts et de peines à Annibal dans les temps anciens, et plus tard à François Ier. C'est précisément la perte de temps qu'il fallait éviter ; l'armée avait besoin de vivre, et pour vivre, il lui fallait vaincre, et vaincre promptement. Bonaparte l'a compris. Il s'était avancé le long de la Méditerranée, jusqu'au point de jonction des Alpes et des Apennins, à peu de distance de Savone dans les Etats sardes, sur le golfe de Gênes. Le 11 avril 1796, il battit les Piémontais au col de Montenotte, et cette première

affaire eut pour résultat immense de les séparer
tout d'abord des Autrichiens, leurs alliés. Le 13,
il les défit de nouveau à Millesimo. Ce fut alors
qu'ayant franchi l'Apennin et pénétré en Piémont, il put dire, saisi d'un légitime orgueil :
« Annibal a forcé les Alpes, nous les avons tour-
nées. » Ce n'était pas encore assez. Il se mit immédiatement à la poursuite des Piémontais ; et le
24 avril, il acheva de les détruire à Mondovi.

Ainsi, ni les Alpes ni trois armées n'avaient pu
arrêter le nouveau général qui s'avançait comme
la foudre, se jouant pour ainsi dire des forces de
la nature comme des forces humaines. Qu'allait
faire le vieux roi de Piémont, Victor-Amédée III ?
Allait-il attendre que le vainqueur vînt l'assiéger
dans Turin, sa capitale, et peut-être renverser sa
monarchie ? Malgré les conseils imprudents et
peu désintéressés de l'Angleterre et de l'Autriche, il consentit à un armistice. Cet armistice,
déclaré le 23 avril, fut, le 15 mai 1796, changé en
un traité connu sous le nom de traité de Cherasco
et signé à Paris le même jour. Alexandrie et Coni
étaient remises aux Français ; Suze, la Brunette,
Exilles étaient démolies ; de toutes les forte-
resses sardes, il ne restait plus que Turin et le
fort de Bard. Un royaume entier avait été conquis en quinze jours, et une paix glorieuse ouvrait à la république française toutes les avenues
des Alpes. Le premier aide de camp, le colonel
Murat, fut envoyé pour présenter solennellement
au Directoire vingt et un drapeaux pris sur l'ennemi, et, par son enthousiasme, la capitale
tout entière sembla prendre aussi sa part de la
victoire.

Quant au général Bonaparte, il adressait à ses soldats une proclamation magnifique, moins encore pour les remercier de ce qu'ils avaient fait que pour leur montrer ce qui restait à faire.

« Soldats !

« ..... La patrie a droit d'attendre de vous de grandes choses : justifierez-vous son attente ? Les plus grands obstacles sont franchis sans doute ; mais vous avez encore des combats à livrer, des villes à prendre, des rivières à passer. En est-il d'entre vous dont le courage s'amollisse ? En est-il qui préféreraient retourner sur les sommets de l'Apennin et des Alpes, essuyer patiemment les injures de cette soldatesque esclave ? Non, il n'en est pas parmi les vainqueurs de Montenotte, de Millesimo et de Mondovi : tous brûlent de porter au loin la gloire du peuple français ; tous veulent humilier ces rois orgueilleux qui osaient méditer de vous donner des fers ; tous veulent dicter une paix glorieuse et qui indemnise la patrie des sacrifices immenses qu'elle a faits ; tous veulent, en rentrant dans leurs villages, pouvoir dire avec fierté : « J'étais de l'armée conquérante de l'Ita-« lie. »

« Amis, je vous la promets, cette conquête ; mais il est une condition qu'il faut que vous juriez de remplir : c'est de respecter les peuples que vous délivrez ; c'est de réprimer les pillages horribles auxquels se portent des scélérats suscités par vos ennemis ; sans cela vous ne seriez pas les libérateurs des peuples, vous en seriez le fléau ; vous ne seriez pas l'honneur du peuple français, il vous désavouerait : vos victoires, votre courage, vos succès, le sang de vos frères morts aux combats, tout serait perdu, même l'honneur et la gloire. Quant à moi et aux généraux qui ont votre confiance, nous rougirions de commander à une armée sans discipline, sans frein, qui ne connaîtrait de loi que la force. Mais, investi de l'autorité nationale, fort de la justice et de la loi, je saurai faire respecter à ce petit nombre d'hommes, sans courage et sans cœur, les lois de l'humanité et de l'honneur qu'ils foulent aux pieds. Je ne souffrirai pas que des brigands souillent vos lauriers. Je ferai exécuter à la rigueur le règlement que j'ai fait mettre à l'ordre : les pillards seront impitoyablement fusillés ; déjà plusieurs l'ont été ; j'ai eu lieu de remarquer avec plaisir l'empressement avec lequel les bons soldats de l'armée se sont portés pour faire exécuter mes ordres.

« Peuples de l'Italie, l'armée française vient pour rompre vos chaînes : le peuple français est l'ami de tous les peuples. Venez avec confiance au-devant de nos drapeaux : vos propriétés, votre religion et vos usages seront religieusement respectés.

« Nous ferons la guerre en ennemis généreux, et nous n'en voulons qu'aux tyrans qui vous asservissent. »

En même temps il adressait une note au Directoire pour l'informer de ses nouveaux projets :

« ..... Je marche demain sur Beaulieu, je l'oblige à repasser le Pô. Je le passe immédiatement après ; je m'empare de toute la Lombardie, et, avant un mois, j'espère être sur les montagnes du Tyrol, trouver l'armée du Rhin, et porter de concert avec elle la guerre dans la Bavière. Ce projet est digne de vous, de l'armée et des destinées de la France. Ordonnez que 15,000 hommes de l'armée des Alpes viennent me rejoindre ; cela me fera une armée de 45,000 hommes, dont il sera possible que j'envoie une partie à Rome. Si vous me continuez votre confiance, et que vous approuviez ces projets, je suis sûr de la réussite ; l'Italie est à vous. »

Paris était dans l'enthousiasme. C'est alors qu'on fit frapper pour la première fois une médaille en l'honneur du vainqueur de Montenotte. D'un côté, se dessinait la figure maigre de Bonaparte avec ses cheveux plats et tombants ; au revers, on voyait la Victoire, volant sur les Alpes, portant une branche de palmier, une couronne de laurier et une épée nue.

Pour bien comprendre la nouvelle campagne contre la Lombardie, il faut se rappeler la situation de ce pays coupé par deux fleuves, le Pô et l'Adige, et adossé aux montagnes du Tyrol, qui étaient le point d'appui de l'armée autrichienne.

Les Autrichiens opposèrent successivement à Bonaparte quatre armées et quatre généraux, Beaulieu, Wurmser, Alvinzi et l'archiduc Charles ; ils employèrent 200,000 hommes contre ses 50,000 soldats ; cependant il fut constamment vainqueur, et finit par dicter la paix, à vingt-cinq lieues de Vienne. Cette campagne est son chef-d'œuvre.

Au commencement de mai 1796, il passa le Pô

à Plaisance. Aussitôt des envoyés du duc de
Parme vinrent solliciter sa protection. Un armistice fut accordé, et les conditions en étaient très-
avantageuses pour l'armée. Le prince régnant,
Ferdinand d'Autriche, payait 2,000,000 fr., four-
nissait des chevaux et s'engageait à faire les frais
des routes militaires et des hôpitaux qui seraient
établis dans ses Etats. Une autre contribution d'un
nouveau genre lui était imposée : il devait céder
pour le musée de Paris vingt tableaux de maîtres,
au choix des commissaires français. C'était une
grande idée que d'ennoblir la guerre par ses pré-
cieuses conquêtes, et de perpétuer ainsi le souvenir des victoires par des trophées durables. Peu
de temps après, le duc de Modène subissait des
conditions à peu près semblables.

Cependant Bonaparte marchait à la rencontre
de Beaulieu. Le 9 mai 1796, il le vainquit à Lodi,
sur l'Adda. C'est là qu'au milieu des joyeux propos du bivouac, les soldats imaginèrent de lui
donner le nom de *petit caporal*, si célèbre depuis
et tant de fois répété. C'est alors aussi qu'une
nuit, dans un bivouac de prisonniers, il rencontra un vieil officier hongrois qu'il se plut à ques-
tionner. « Ça va très-mal, lui dit l'officier sans le
connaître ; nous n'y comprenons plus rien ; nous
avons affaire à un jeune général qui est tantôt
devant nous, tantôt sur notre queue, tantôt sur
nos flancs ; on ne sait jamais comment il faut se
placer. Sa manière de faire la guerre est insupor-
table et viole tous les usages. » On ne pouvait
exprimer plus naïvement et plus vivement en
même temps toute la hardiesse et toute la nou-
veauté des plans et des conceptions du jeune géné-

ral, qui, en effet, dédaignant l'esprit de rou-
tine, ne suivait guère la tactique des généraux
de l'ancien régime.

Le Directoire, jaloux de ses succès, voulut
alors diviser son armée en deux corps, et donner
le commandement d'un de ces corps à Kellermann.
Bonaparte osa offrir sa démission, si on persistait
à exiger ce partage dangereux et presque injurieux, après tant de succès remportés par lui seul.
Il écrivit au Directoire : « Si vous affaiblissez vos
moyens en partageant vos forces, si vous rompez
en Italie l'unité de la pensée militaire, je vous le
dis avec douleur, vous aurez perdu la plus belle
occasion d'imposer des lois à l'Italie. »

Il envoya une lettre particulière à Carnot :
« Que je fasse la guerre ici ou ailleurs, cela m'est
indifférent ; servir la patrie, mériter de la postérité une feuille dans notre histoire, voilà toute
mon ambition ; mais réunir Kellermann et moi
en Italie, c'est vouloir tout perdre. Le général
Kellermann a plus d'expérience que moi et fera
mieux la guerre que moi ; mais tous deux ensemble
nous la ferons mal. Je ne puis servir volontiers
avec un homme qui se croit le premier général
de l'Europe ; et d'ailleurs je crois qu'il faut plutôt
un mauvais général que deux bons. »

En attendant, il allait entrer victorieux dans
Milan, le 15 mai 1796. L'archiduc Ferdinand et
la duchesse quittèrent leur capitale, non sans
verser des larmes, mais au milieu d'un peuple qui
ne leur témoignait ni sympathie ni regrets. Un arc
de triomphe s'élevait, au contraire, aux portes de
la ville, dont la population se pressait au-devant
du général victorieux. On n'avait pas oublié qu'il

appartenait à l'Italie par ses ancêtres et par son nom, et on se flattait que l'Italie lui devrait son indépendance.

Pour lui, il associait à ses triomphes ses compagnons d'armes.

« Soldats, vous vous êtes précipités comme un torrent du haut de l'Apennin. Vous avez culbuté, dispersé tout ce qui s'opposait à votre marche. Le Piémont, délivré de la tyrannie autrichienne, s'est livré à ses sentiments naturels de paix et d'amitié pour la France. Milan est à vous, et le pavillon républicain flotte dans toute la Lombardie. Les ducs de Parme et de Modène ne doivent leur existence politique qu'à votre générosité ; l'armée qui vous menaçait avec orgueil ne trouve plus de barrière qui la rassure contre votre courage ; le Pô, le Tessin, l'Adda, n'ont pu vous arrêter un seul jour : ces boulevards vantés de l'Italie ont été insuffisants ; vous les avez franchis aussi rapidement que l'Apennin. Tant de succès ont porté la joie dans le sein de la patrie : vos représentants ont ordonné une fête dédiée à vos victoires, célébrée dans toutes les communes de la république. Là, vos pères, vos mères, vos épouses, vos sœurs se réjouissent de vos succès et se vantent avec orgueil de vous appartenir. Oui, soldats, vous avez beaucoup fait.... Mais ne vous reste-t-il plus rien à faire ? Dira-t-on de nous que nous avons su vaincre, mais que nous n'avons pas su profiter de la victoire ? La postérité nous reprochera-t-elle d'avoir trouvé Capoue dans la Lombardie ? Mais je vous vois déjà courir aux armes ; un lâche repos vous fatigue, les journées

perdues pour la gloire le sont pour votre bonheur.
Eh bien ! partons ; nous avons encore des marches
forcées à faire, des ennemis à soumettre, des lauriers à cueillir, des injures à venger. Que ceux
qui ont aiguisé les poignards de la guerre civile,
qui ont lâchement assassiné nos ministres, in-
cendié nos vaisseaux à Toulon, tremblent....
L'heure de la vengeance a sonné !

« Mais que les peuples soient sans inquiétudes.
Nous sommes amis de tous les peuples et plus
particulièrement des descendants des Brutus, des
Scipion et des grands hommes que nous avons
pris pour modèles. Rétablir le Capitole, y placer
avec honneur les statues des héros qui le ren-
dirent célèbre, réveiller le peuple romain en-
gourdi par plusieurs siècles d'esclavage, tel sera
le fruit de nos victoires ; elles feront époque
dans la postérité ! Vous aurez la gloire immortelle
de changer la face de la plus belle partie de
l'Europe. Le peuple français libre, respecté du
monde entier, donnera à l'Europe une paix glorieuse, qui l'indemnisera des sacrifices de toute
espèce qu'il a faits depuis six ans. Vous ren-
trerez alors dans vos foyers, et vos concitoyens
diront en vous montrant : « Ils étaient de l'armée
« d'Italie. »

Le Directoire finit par comprendre qu'il ne
pouvait pas arracher un tel général à une pareille
armée ; aussi Bonaparte reçut-il une réponse
datée du 21 mai, où on lui disait : « Vous pa-
raissez désireux, citoyen général, de continuer à
conduire toute la suite des opérations militaires
de la campagne actuelle en Italie. Le Directoire

a mûrement réfléchi sur cette proposition, et la confiance qu'il a dans vos talents et dans votre zèle républicain a décidé cette question en faveur de l'affirmation. »

L'armée française avait été bien accueillie à Milan, mais surtout par la haute noblesse et par les classes moyennes; les partisans de l'Autriche exerçaient encore quelque influence sur les paysans des campagnes et sur la population des villes. Pavie se souleva, mais sa révolte fut sévèrement réprimée.

Le soir, on publia dans Milan la proclamation suivante, qui fut affichée dans la nuit aux portes de la ville révoltée : « Une multitude égarée, sans moyens réels de résistance, se porte aux derniers excès dans plusieurs communes, méconnaît la république et brave l'armée triomphante des rois. Ce délire inconcevable est digne de pitié; l'on égare ce pauvre peuple pour le conduire à sa perte. Le général en chef, fidèle au principe qu'a adopté sa nation de ne pas faire la guerre aux peuples, veut bien laisser une porte ouverte au repentir; mais ceux qui, sous vingt-quatre heures, n'auront pas posé les armes, seront traités comme rebelles, leurs villages seront brûlés. Que l'exemple terrible de Binasco leur fasse ouvrir les yeux ! Son sort sera celui de toutes les communes qui s'obstineront à la révolte. »

Cette proclamation resta sans effet. Dès lors la prudence, dit Bonaparte lui-même, prescrivait la témérité. Avec 1,500 hommes et six pièces de campagne, il brusque l'attaque contre une ville de 30,000 âmes. Les portes sont enfoncées à coups de canon et de hache, les grenadiers entrent au pas de charge, les paysans se réfugient dans la campagne, où un grand nombre fut sabré par la cavalerie. Tout rentra dans l'ordre. Seulement, une fois entré sur le territoire de Venise, pour rassurer les populations après cet acte de rigueur, Bonaparte fit afficher dans Brescia la proclamation suivante :

« C'est pour délivrer la plus belle contrée de l'Europe du joug de fer de l'orgueilleuse maison d'Autriche, que l'armée française a bravé les obstacles les plus difficiles à surmonter. La victoire, d'accord avec la justice, a couronné ses efforts. Les débris de l'armée ennemie se sont retirés au delà du Mincio. L'armée française passe, pour les poursuivre, sur le territoire de la république de Venise ; mais elle n'oubliera pas qu'une longue amitié unit les deux républiques. La religion, le gouvernement, les propriétés, les usages seront respectés. Que les peuples soient sans inquiétude, la plus sévère discipline sera maintenue. Tout ce qui sera fourni à l'armée sera exactement payé en argent. Le général en chef engage les officiers de la république de Venise, les magistrats et les prêtres, à faire connaître ses sentiments aux peuples, afin que la confiance cimente l'amitié qui, depuis si longtemps, unit les deux nations. Fidèle dans le chemin de l'honneur comme dans celui de la victoire, le soldat français n'est terrible que pour les ennemis de la liberté et de son gouvernement. »

Cependant Beaulieu s'était replié sur l'Adige, et avait opéré sa jonction avec Wurmser. Bonaparte marcha contre eux, et s'empara de la ligne de l'Adige par le combat de Borghetto. C'est après ce combat que des coureurs autrichiens pénétrèrent jusqu'au quartier général et parvinrent jusqu'au logement de Bonaparte. Averti au dernier moment par le piquet d'escorte, qui n'eut que le temps de fermer la porte et de crier aux armes, il réussit à grand'peine à se sauver par les jardins de derrière. Ce danger lui fit sentir la nécessité d'avoir une garde d'hommes d'élite, chargés de veiller spécialement à sa sûreté, et il créa un corps auquel il donna le nom de guides; la plupart de ces guides servirent ensuite de noyau aux chasseurs de la garde impériale.

Bonaparte ne passa pas encore l'Adige; il se replia sur le Mincio et attaqua Mantoue, occupé par une garnison autrichienne. Wurmser s'avance pour délivrer cette ville; mais, le 5 août de l'année 1796, il est vaincu à Castiglione. Bonaparte franchit l'Adige, le 3 septembre; le combat de Roveredo lui ouvre le chemin de Trente; il s'empare de tout le Tyrol italien et détruit l'armée de Wurmser aux deux combats de Bassano et de Saint-Georges le 8 septembre. Il avait gagné en grande partie les Tyroliens par une de ces proclamations qu'il ne négligeait jamais d'adresser aux peuples pour les effrayer ou les rassurer au besoin.

« Tyroliens !

« Vous sollicitez la protection de l'armée française; il faut vous en rendre dignes. Puisque la majorité d'entre vous est bien intentionnée, contraignez le petit nombre d'hommes opiniâtres à se soumettre. Leur conduite insensée tend à attirer

sur leur patrie les fureurs de la guerre. La supériorité de nos armes est aujourd'hui constatée. Les
ministres de l'empereur, achetés par l'or de l'Angleterre, le trahissent ; ce malheureux prince ne
fait pas un pas qui ne soit une faute. Vous voulez
la paix ! Les Français combattent pour elle. Nous
ne passons sur votre territoire que pour obliger la
cour de Vienne de se rendre au vœu de l'Europe
désolée, et d'entendre le cri de ses peuples. Nous
ne venons pas ici pour nous agrandir : la nature a
tracé nos limites au Rhin et aux Alpes, dans le
même temps qu'elle a posé au Tyrol les limites de
la maison d'Autriche. Tyroliens ! quelle qu'ait été
votre conduite passée, rentrez dans vos foyers ;
quittez des drapeaux tant de fois battus et impuissants pour vous défendre. Ce ne sont pas quelques
ennemis de plus que peuvent redouter les vainqueurs des Alpes et de l'Italie ; mais c'est quelques
victimes de moins que la générosité de la nation
m'ordonne de chercher à épargner. Nous nous
sommes rendus redoutables dans les combats,
mais nous sommes les amis de ceux qui nous re-
çoivent avec hospitalité. »

Paris apprenait avec enthousiasme et reconnaissance tant de victoires et de triomphes. Marmont
venait d'y arriver, apportant les drapeaux pris
aux batailles de Roveredo, de Bassano et de Saint-
Georges. Sa venue fut l'occasion de fêtes solen-
nelles, et, en le présentant au Directoire, le ministre de la guerre résuma ainsi lui-même la campagne :

« Dans le cours d'une seule campagne, l'Italie a
été entièrement conquise, trois grandes armées

détruites, plus de cinquante drapeaux ont été les
trophées du vainqueur ; 40,000 Autrichiens ont
mis bas les armes ; et ce qui n'est pas le moins
surprenant dans tout cela, c'est que ces hauts faits
ont été accomplis par une armée française de
30,000 hommes au plus, commandée par un général à peine âgé de vingt-six ans. »

A ce moment néanmoins, l'armée française
manquait de tout, et Bonaparte, de retour à Milan,
écrivait au Directoire :

« Peut-être sommes-nous à la veille de perdre
l'Italie. Aucun des secours attendus n'est arrivé ;
la 83ᵉ demi-brigade ne part pas ; tous les secours
venant des départements sont arrêtés à Lyon et
surtout à Marseille. On croit qu'il est indifférent
de les arrêter huit ou dix jours ; on ne songe pas
que les destinées de l'Italie et de l'Europe se dé-
cident ici pendant ce temps-là. Tout l'empire a
été en mouvement et y est encore. L'activité de
notre gouvernement, au commencement de la
guerre, peut seule donner une idée de la manière
dont on se conduit à Vienne. Il n'est pas de jour
où il n'arrive cinq mille hommes, et depuis plus
de deux mois qu'il est évident qu'il faut des secours ici, il n'est encore arrivé qu'un bataillon de
la 40ᵉ, mauvaise troupe et non accoutumée au
feu, tandis que toutes nos vieilles milices de l'armée d'Italie languissent en repos dans la 8ᵉ division. Je fais mon devoir, l'armée fait le sien ;
mon âme est déchirée, mais ma conscience est en
repos. Des secours ! envoyez-moi des secours !

Mais il ne faut plus s'en faire un jeu ; il faut, non de l'effectif, mais du présent sous les armes.

« . . . . Les blessés sont l'élite de l'armée : tous nos officiers supérieurs, tous nos généraux d'élite sont hors de combat ; tout ce qui m'arrive est si inepte ! et ils n'ont pas la confiance du soldat. L'armée d'Italie, réduite à une poignée de monde, est épuisée. Les héros de Lodi, de Millesimo, de Castiglione et de Bassano, sont morts pour leur patrie ou sont à l'hôpital ; il ne reste plus aux corps que leur réputation et leur orgueil. Joubert, Lannes, Lanusse, Victor, Murat, Charlet, Dupuis, Rampon, Piglon, Menard, Chabran, sont blessés ; nous sommes abandonnés au fond de l'Italie. La présomption de mes forces nous était utile ; on publie à Paris, dans des discours officiels, que nous ne sommes que trente mille hommes. J'ai perdu dans cette guerre peu de monde, mais tous des hommes d'élite qu'il est impossible de remplacer. Ce qui me reste de braves voit la mort infaillible, au milieu de chances si continuelles et avec des forces si inférieures ; peut-être l'heure du brave Augereau, de l'intrépide Masséna, de Berthier, est près de sonner. Alors ! alors ! que deviendront ces braves gens ? Cette idée me rend réservé ; je n'ose plus affronter la mort, qui serait un sujet de découragement et de malheur pour qui est l'objet de mes sollicitudes. »

Dans une autre lettre, à cette époque de transactions politiques avec tous les États d'Italie et de correspondance active avec le Directoire, il osait dévoiler sa pensée tout entière :

« Tant que votre général ne sera pas le centre
de tout en Italie, tout ira mal. Il serait facile
de m'accuser d'ambition, mais je n'ai que trop
d'honneurs ; je suis malade, je puis à peine me
tenir à cheval, il ne me reste que du courage, ce
qui est insuffisant pour le poste que j'occupe. »

Ce n'est pas, on le voit, le subordonné qui reçoit des instructions, il en donne. Il fut autorisé,
grâce à ce ton d'autorité auquel on ne pouvait rien
refuser, à traiter avec le saint-siége, à former la
république Cispadane, composée des trois duchés
de Modène, de Reggio, de la Mirandole, et des lé-
gations de Bologne et de Ferrare, enfin à faire rentrer de la domination anglaise sous la domination
française la Corse, sa patrie. La France n'eut plus
l'humiliation de voir aux mains de ses ennemis la
province qui fut le berceau de son plus grand capitaine. D'ailleurs, les Corses eux-mêmes, fiers de
leur jeune compatriote, aspiraient à combattre
sous le même drapeau que lui et à se voir associés
à la même patrie.

Mais la guerre allait recommencer ; le maréchal Alvinzi arrivait avec une armée nouvelle de
60,000 hommes contre 36,000 déjà fatigués de
vaincre. Ces braves se sentirent un instant ébran-
lés, ils avaient fait retraite devant Vicence, et
leur général dut, pour la première fois, leur
adresser des paroles sévères : « Soldats, je ne
suis pas content de vous ; vous n'avez montré ni
discipline, ni constance, ni bravoure ; aucune
position n'a pu vous rallier ; vous vous êtes abandonnés à une terreur panique. Vous vous êtes
laissé chasser de positions où une poignée de

braves devait arrêter une armée. Soldats de la
39ᵉ et de la 85ᵉ, vous n'êtes pas des soldats français. Général chef d'état-major, faites écrire sur
les drapeaux : « Ils ne sont plus de l'armée d'Italie. » Aussitôt de grosses larmes tombent sur les
joues de ces vétérans, et ils s'écrient : « Général,
on nous a calomniés ; mettez-nous à l'avant-garde,
et vous verrez si la 39ᵉ et la 85ᵉ sont de l'armée
d'Italie. »

Cependant des murmures se répandaient dans
toute l'armée. « Que nous ont servi, disaient les
soldats épuisés, et nos combats et nos victoires?
Après avoir détruit deux armées dirigées contre
nous, il nous faut encore détruire celles qui étaient
opposées aux troupes du Rhin. L'armée d'Alvinzi
est celle devant laquelle se sont retirées les armées
du Rhin et de Sambre-et-Meuse ; et elles sont oi-
sives aujourd'hui. Pourquoi est-ce à nous à remplir leur tâche ? Si nous sommes battus, nous
regagnerons les Alpes en fuyards et sans honneur;
si nous sommes vainqueurs, à quoi aboutira cette
nouvelle victoire? On nous opposera une autre
armée semblable à celle d'Alvinzi, comme Alvinzi
lui-même a succédé à Wurmser, comme Wurmser a succédé à Beaulieu ; et dans cette lutte iné-
gale, il faudra bien que nous finissions par être
écrasés. »

Bonaparte savait bien que ces plaintes étaient
fondées, et lui-même, dans sa correspondance
avec le Directoire, se plaignait hautement. Il cachait cependant son abattement, et, par son ordre,
les officiers les plus aimés parcouraient les rangs
en semant partout des paroles d'espérance et d'encouragement.

« Nous n'avons plus qu'un effort à faire, et
l'Italie est à nous. Les ennemis sans doute sont
plus nombreux ; mais depuis quand comptons-
nous nos ennemis ? La moitié de leurs troupes
d'ailleurs n'est-elle pas composée de recrues ra-
massées à la hâte ? l'autre moitié n'est-elle pas accoutumée à fuir devant nous ? Qu'ils soient battus
encore une fois, Mantoue succombe et nos travaux
finissent ; car non-seulement l'Italie, mais encore
la paix générale est dans Mantoue.

« Vous parlez de nous réfugier dans les Alpes,
mais vous n'auriez plus la force d'y séjourner. En
vous élançant des bivouacs arides et glacés de ces
rochers stériles, vous avez bien pu conquérir les
plaines délicieuses de la Lombardie ; mais des bivouacs riants de l'Italie, vous ne sauriez retourner
au milieu des neiges.

« Des renforts nous sont arrivés, d'autres ac-
courent nous rejoindre. Que ceux qui ne veulent
plus se battre ne cherchent donc point de vains
prétextes, car la victoire nous sera encore fidèle,
et nous avons devant nous la dernière armée autrichienne. Alvinzi battu, notre gloire est assurée,
et avec la gloire le repos.

Bonaparte avait dû reculer un instant ; l'armée
s'était mise en marche la nuit, en grand silence,
et elle tournait le dos à l'ennemi. Les soldats
étaient abattus et consternés ; mais quelles ne
furent pas leur surprise et leur joie, quand ils se
retrouvèrent sur les rives de l'Adige, qu'ils
croyaient avoir vues pour la dernière fois. Le général avait son plan : avec 13,000 hommes il ne
pouvait lutter en plaine contre 40,000 ; arrivé à

une petite rivière sur laquelle est Arcole, il s'arrêta. Ce fut là qu'à partir du 25 novembre, on combattit trois jours de suite. La victoire resta à l'armée française; mais on sait par quels prodiges de valeur elle dut l'acheter. Augereau, saisissant un drapeau, s'élance sur le pont ; il y reste quelques minutes seul, sous une grêle de mitraille ; ses soldats n'osent plus aborder le défilé terrible ; Bonaparte accourt au galop, suivi de son état-major. « Grenadiers, s'écrie-t-il, n'êtes-vous plus les braves de Lodi ? » Lui-même saute à bas de son cheval, saisit un drapeau et le porte sur le pont en criant : « Suivez votre général ! » Tous se précipitent. Ce fut la journée du dévouement : Lannes, déjà blessé deux fois, se place encore entre l'ennemi et son général, et reçoit une troisième blessure ; Muiron tombe à ses côtés ; les généraux Belliard et Vignolles sont blessés ; Bonaparte lui-même, resté seul avec les grenadiers de la tête, va être pris ; mais ceux-ci le saisissent et l'emportent dans leurs bras au milieu du feu et de la fumée. L'ennemi, s'élançant à leur poursuite, les culbute en désordre dans un marais. Bonaparte y tombe et y reste enfoncé jusqu'au milieu du corps ; il est sauvé une seconde fois. « En avant ! s'écrient les vétérans, en avant pour sauver le général ! » Il est délivré en effet, et, couvert de sang et de boue, il remonte à cheval. Cette première journée avait été malheureuse; les deux qui suivirent l'en recompensèrent, et il prit une revanche éclatante.

Tant d'héroïsme souleva Paris d'enthousiasme, et le gouvernement décida que les drapeaux conquis sur le pont d'Arcole par Bonaparte et Auge-

reau leur seraient donnés pour être conservés
dans leurs familles : belle et noble récompense,
bien digne d'un âge héroïque.

L'Autriche était vaincue, mais elle voulait tenter
un dernier effort ; un même sentiment national la
transportait tout entière, et il semblait qu'il s'agît
d'une croisade. Des jeunes gens de noble famille
formèrent un bataillon composé de 4,000 hommes,
qu'on appela les volontaires de Vienne, et ils portaient tous des drapeaux que l'impératrice leur
avait brodés de sa main. D'un autre côté, les puissances italiennes étaient hostiles pour la plupart.
Venise, entre autres, était dans de mauvaises
dispositions. Il n'était pas jusqu'aux différents
partis, en France, qui ne cherchassent à discré-
diter, chacun dans leur sens, celui qu'ils redou-
taient tous.

Malgré ces obstacles et ces embarras, le 14 janvier 1797, Bonaparte remportait une nouvelle victoire à Rivoli ; le 16, Mantoue était prise, Mantoue,
le dernier espoir de l'Autriche en Italie. Wurmser,
qui avait défendu la place, fut généreusement
traité. « Je respecte l'âge, la bravoure et les malheurs du maréchal, » avait dit Bonaparte. Il ne
voulut pas même triompher de lui en entrant vic-
torieusement dans Mantoue. Il se déroba sans
regret à ce facile triomphe, et alla apaiser la révolte de Rome, à laquelle il imposa, entre autres
conditions, par le traité de Tolentino, l'abandon
des droits du saint-père sur Avignon et le comtat
Venaissin.

La prise de Mantoue avait ouvert aux armées
françaises le chemin des Etats héréditaires de la
maison d'Autriche. L'archiduc Charles, qui ve-

nait de se couvrir de gloire en Allemagne, sur les bords du Rhin, fut chargé de défendre la route de Vienne contre cette armée d'Italie toujours victorieuse. Deux illustres capitaines allaient donc se trouver en présence. L'ouverture de la campagne fut annoncée à l'armée française par cet ordre du jour :

« Soldats!

« La prise de Mantoue vient de finir une campagne qui vous a donné des titres éternels à la reconnaissance de la patrie. Vous avez été victorieux dans quatorze batailles rangées et soixante-dix combats. Vous avez fait 100,000 prisonniers, pris 500 pièces de canon de campagne, 2,000 de gros calibre, quatre équipages de pont. Les contributions mises sur le pays que vous avez conquis ont nourri, entretenu, soldé l'armée pendant toute la campagne. Vous avez, en outre, envoyé 30 millions au ministère des finances pour le soulagement du trésor public. Vous avez enrichi le Muséum de Paris de trois cents chefs-d'œuvre de l'ancienne et nouvelle Italie, et qu'il a fallu trente siècles pour produire. Vous avez conquis à la république les plus belles contrées de l'Europe.

« Les républiques Transpadane et Cispadane vous doivent leur liberté. Les couleurs françaises flottent pour la première fois sur les bords de l'Adriatique, en face et à vingt-quatre heures de l'ancienne Macédoine, d'où Alexandre s'élança sur l'Orient. Une grande destinée vous est aussi réservée; vous n'avez pas tout achevé. Vous châtiez ces insulaires perfides qui, étrangers aux malheurs de la guerre, sourient avec plaisir aux maux du continent. Les rois de Sardaigne, de Naples, le pape, le duc de Parme se sont détachés de la coalition de vos ennemis et ont brigué tous votre amitié. Vous avez chassé les Anglais de Livourne, de Gênes, de la Corse. C'est en vous que la patrie met ses plus chères espérances. Vous continuerez à en être dignes.

« De tant d'ennemis qui se coalisèrent pour étouffer la république à sa naissance, l'empereur seul reste devant vous, se dégradant lui-même du rang d'une grande puissance. Ce prince s'est mis à la solde des marchands de Londres. Il n'a plus de politique, de volonté, que celles de ce cabinet perfide qui, étranger aux malheurs de la guerre, sourit avec plaisir aux maux du continent. Le Directoire exécutif n'a rien épargné pour donner la paix à l'Europe. La modération de ses propositions ne se ressentait pas de la force de ses armées : il n'avait pas consulté votre courage, mais l'humanité et l'envie de vous faire rentrer dans vos familles. Il n'a pas été écouté à Vienne; il n'est donc plus d'espérance pour la paix, qu'en allant la chercher dans le cœur des Etats héréditaires de la maison d'Autriche. Vous y trouverez un brave peuple, accablé par la guerre qu'il a eue contre les Turcs et par la guerre actuelle. Les habitants de Vienne et des Etats d'Autriche gémissent sur l'aveuglement de leur gouvernement; il n'en est pas un qui ne soit convaincu que l'or de l'Angleterre a corrompu les ministres de l'empereur. Vous respecterez leurs propriétés. C'est la liberté que vous apporterez à la brave nation hongroise. La maison d'Autriche, qui depuis trois

siècles va perdant à chaque guerre une partie de
sa puissance, qui mécontente les peuples en les dé-
pouillant de leurs priviléges, se trouvera réduite,
à la fin de cette campagne (puisqu'elle nous con-
traint à la faire), à accepter la paix que nous lui
accorderons, et à descendre en réalité au rang
des puissances secondaires, où elle s'est déjà
placée en se mettant aux gages et à la disposition
de l'Angleterre. »

Bonaparte, ayant donc pris le chemin du Tyrol,
traverse, le 16 mars 1797, le Tagliamento, et bat
les Autrichiens sur les bords de cette rivière. Il
remporte ensuite une double victoire sur l'archiduc Charles au col de Tarvis, et, après avoir
franchi tout le défilé, marche sur Vienne. Le
31 mars, il entrait à Clagenfurt, et, fidèle à son
habitude de faire appel aux populations, il publiait
une proclamation en français, en allemand et en
italien.

« Habitants de la Carinthie, de la Carniole et
de l'Istrie, l'armée française ne vient pas dans
votre pays pour le conquérir ni pour porter aucun changement dans votre religion, à vos
mœurs, à vos coutumes; elle est l'amie de toutes
les nations, et particulièrement des braves Ger-
mains.... Habitants de la Carniole, je le sais, vous
détestez autant que nous les Anglais, qui seuls
gagnent à la guerre actuelle, et votre ministère
qui leur est vendu. Si nous sommes en guerre
depuis six ans, c'est contre le vœu des braves
Hongrois, des citoyens éclairés de Vienne, et des
simples et bons habitants de la Carinthie, de la
Carniole et de l'Istrie. Eh bien! malgré l'Angle-

terre et les ministres de la cour de Vienne, soyons amis. La république française a sur vous le droit de conquête ; qu'il disparaisse devant un contrat qui nous lie réciproquement. Vous ne vous mêlerez pas d'une guerre qui n'a pas votre aveu. Vous fournirez aux besoins de mon armée. De mon côté, je protégerai vos propriétés ; je ne tirerai de vous aucune contribution. La guerre n'est-elle pas elle-même assez horrible ? Ne souffrez-vous pas déjà trop, vous, innocentes victimes des passions des autres ? Toutes les impositions que vous avez coutume de payer à l'empereur serviront à indemniser des dégâts inséparables de la marche d'une armée, et à payer ce que vous m'aurez fourni. »

Ce langage modéré eut un puissant effet, et Bonaparte ne fut pas inquiété dans son passage. Cependant les armées du Rhin qui devaient le seconder ne s'étaient pas encore mises en mouvement, grâce à l'incroyable négligence du Directoire. Voulant, puisqu'il était abandonné, tenter seul le rôle de pacificateur, il écrivit au prince Charles :

« Monsieur le général en chef, les braves militaires font la guerre et désirent la paix ; cette guerre ne dure-t-elle pas depuis six ans ? Avons-nous assez tué de monde et causé assez de maux à la triste humanité ? Elle réclame de tous côtés. L'Europe, qui avait pris les armes contre la république française, les a posés. Votre nation reste seule, et cependant le sang va couler plus que jamais. Cette sixième campagne s'annonce par des présages sinistres. Quelle qu'en soit l'issue, nous tuerons, de part et d'autre, quelques milliers d'hommes, et il faudra bien que l'on finisse par s'entendre, puisque tout a un terme, même les passions humaines.

« Le Directoire exécutif de la république française avait fait connaître à S. M. l'empereur le désir de mettre fin à la guerre qui désole les deux peuples. L'intervention de la cour de Londres s'y est opposée. N'y a-t-il donc aucun espoir de nous entendre, et faut-il, pour les intérêts et les passions d'une nation étrangère aux maux de la guerre, que nous continuions à nous entr'égorger? Vous, monsieur le général en chef, qui, par votre naissance, approchez si près du trône et êtes au-dessus de toutes les petites passions qui animent souvent les ministres et les gouvernements, êtes-vous décidé à mériter le titre de bienfaiteur de l'humanité entière et de vrai sauveur de l'Allemagne? Ne croyez pas, monsieur le général en chef, que j'entende par là qu'il ne soit pas possible de la sauver par la force des armes ; mais dans la supposition que les chances de la guerre vous deviennent favorables, l'Allemagne n'en sera pas moins ravagée. Quant à moi, monsieur le général en chef, si l'ouverture que j'ai l'honneur de vous faire peut sauver la vie à un seul homme, je m'estimerai plus fier de la couronne civique que je me trouverai avoir méritée, que de la triste gloire qui peut revenir des succès militaires. »

Le prince Charles répondit, le 2 avril :

« Assurément, tout en faisant la guerre, monsieur le général en chef, et en suivant la vocation de l'honneur et du devoir, je désire, ainsi que vous, la paix pour le bonheur des peuples et de l'humanité! Comme néanmoins, dans le poste qui m'est confié, il ne m'appartient pas de scruter ni de terminer la querelle des nations belligérantes, et que je ne suis muni, de la part de S. M. l'empereur, d'aucun pouvoir pour traiter, vous trouverez naturel, monsieur le général, que je n'entre là-dessus avec vous dans aucune négociation, et que j'attende des ordres supérieurs sur un objet d'aussi haute importance, et qui n'est pas foncièrement de mon ressort. Quelles que soient, au reste, les chances fâcheuses de la guerre ou les espérances de la paix, je vous prie de vous persuader, monsieur le général, de mon estime et de ma considération distinguée. »

Bonaparte se voyait forcé de vaincre et de menacer de plus près la capitale; il marcha en avant. Le 1er avril 1797, il triomphait des Autrichiens à Neumark, et le 7 il était à Léoben, à vingt-cinq lieues de Vienne. Là eurent lieu des conférences.

« Monsieur le général, dirent les envoyés autrichiens, S. M. l'empereur et roi n'a rien plus à cœur que de concourir au repos de l'Europe et de terminer une guerre qui désole les deux nations; en conséquence de l'ouverture que vous avez faite à S. A. R. par votre lettre de Klagenfurt, S. M. l'empereur nous a envoyés vers vous pour s'entendre sur ces objets d'une si grande importance. Après la conversation que nous venons d'avoir avec vous, et persuadés de la bonne volonté comme de l'intention des deux puissances

de finir le plus tôt possible cette guerre désas-
treuse, S. A. R. désire une suspension d'armes de
dix jours, afin de pouvoir avec plus de célérité
parvenir à ce but désiré, et afin que toutes les
longueurs et obstacles que la continuation des hostilités porterait aux négociations soient levés,
et que tout concoùre à rétablir la paix entre les
deux nations. »

Bonaparte répondit :

« Dans la position militaire des deux armées,
une suspension d'armes est toute contraire à
l'armée française ; mais si elle doit être un ache-
minement à la paix tant désirée et si utile au
peuple, je conséns sans peine à vôs désirs. La
république française a manifesté souvent à Sa
Majesté son désir de mettre fin à cette lutte
cruelle ; elle persiste dans les mêmes sentiments,
et je ne doute pas, après la conférence que j'ai eu
l'honneur d'avoir avec vous, que sous peu de jours
la paix ne soit enfin rétablie entre la république
et Sa Majesté. »

L'armistice fut signé le soir même ; mais les Français n'accordèrent que cinq jours, au lieu de dix
qu'on avait demandés.

Les plénipotentiaires autrichiens arrivèrent le
13 à Léoben, et les préliminaires de paix furent
signés le 18. Ces préliminaires réglaient les limites
des États de la maison d'Autriche en Italie. La
France obtenait la Belgique et la ligne du Rhin.
La Fayette et ses deux compagnons de captivité,
Latour-Maubourg et Bureau de Puzy, retenus depuis cinq ans dans les cachots d'Olmutz, devaient

3.

être mis en liberté. Croyant sans doute faire un grand sacrifice pour s'attacher un capitaine renommé, l'empereur fit alors proposer à Bonaparte une souveraineté de 250,000 âmes en Allemagne, pour lui et sa famille. Le jeune général répondit par un sourire, et, tout en faisant remercier l'empereur, assura qu'il ne voulait aucune grandeur, aucunes richesses, si elles ne lui étaient données par le peuple français. « Et avec cet appui, croyez, monsieur, répondit-il au comte de Meerfeldt, que mon ambition sera satisfaite. »

Pendant que Vienne était ainsi menacée, des troubles avaient éclaté dans la Péninsule. Les Etats vénitiens s'étaient soulevés ; le 17 avril, à Vérone, avaient lieu de nouvelles *Vêpres siciliennes* ; un grand nombre de Français avaient été égorgés à la journée des *Pâques véronaises*. A cette nouvelle, Bonaparte fut transporté d'indignation ; les députés du sénat vénitien osèrent lui parler d'indemnité pécuniaire. « Vous m'offririez, leur dit-il, les trésors du Pérou ; vous couvririez d'or votre territoire entier, que vous ne pourriez racheter le sang français qui a été répandu par la trahison. »

Sur ces entrefaites, les insurgés apprirent les préliminaires de la paix avec l'Autriche, qui, après les avoir soulevés, allait les abandonner pour recueillir leurs dépouilles ; ils furent consternés, mais il était trop tard. Leur politique, depuis longtemps perfide et tortueuse, devait recevoir son châtiment : le 12 mai, le général Baraguay-d'Hilliers fit son entrée dans la ville. La fière aristocratie vénitienne se vit obligée de se soumettre ; le Livre d'or fut publiquement brûlé,

ainsi que le bonnet ducal ; une constitution nouvelle ayant été proclamée, le drapeau tricolore
flotta sur la place Saint-Marc. On envoya à Paris,
comme trophées, le lion de Saint-Marc et les chevaux de Corinthe qui se trouvent encore aujour-
d'hui sur l'arc de triomphe du Carrousel ; mais
un des résultats les plus importants pour la
France de la conquête de Venise fut la prise de
possession des îles Ioniennes au nom de la république française, qui resta de la sorte maîtresse
de l'Adriatique.

Pendant ce temps, Bonaparte avait transporté
son quartier général au palais de Montebello, à
quelques lieues de Milan. Joséphine était venue
l'y rejoindre, et là, au milieu des fêtes et des ré-
jouissances, il pouvait jouir de toute sa gloire ;
de tous côtés il s'entendait donner le nom glorieux
de *libérateur de l'Italie*.

Il allait, en effet, par des traités, changer toute
la face de ce pays. Les fêtes vraiment royales dont
il était entouré ne le détournaient pas de plus sérieuses pensées et de plus graves intérêts. Ses premiers regards se portèrent sur Gênes. Cette ville,
antique et opiniâtre ennemie de Venise, s'était
soulevée comme elle ; le parti populaire avait ren-
versé l'aristocratie ; mais cette victoire n'avait pas
été pure de tout excès, et des Français, résidant à
Gênes, en avaient été victimes. Amende honorable
dut être faite, et le gouvernement fut changé.
Douze citoyens, désignés par le général français,
formèrent, sous la présidence du doge, le gouvernement provisoire. Le gouvernement populaire
l'emportait donc ; mais Bonaparte fut le premier à
en réprimer les désordres et les excès ; sa poli-

tique était déjà une politique de conciliation et de paix ; il voulait l'ordre et la liberté.

C'est encore à Montebello que furent signés les traités avec le roi de Sardaigne, le pape, le duc de Parme et la Toscane ; c'est là que fut opérée la réunion des républiques Cispadane et Transpadane en république Cisalpine, à laquelle était attachée la Valteline, qu'on enlevait aux Grisons.

Cependant la paix commencée avec l'Autriche ne se concluait pas. Cette puissance différait par calcul ; elle attendait l'issue encore incertaine des troubles intérieurs qui agitaient Paris ; d'un autre côté, la majorité du Directoire se montrait peu disposée à la conciliation. Lord Malmesbury, envoyé au nom de l'Angleterre, fut obligé de reculer devant des prétentions nouvelles, et, irrité de la manière dont elles étaient présentées, partit aussitôt de Lille. En apprenant cette éclatante rupture, Bonaparte comprit toutes les difficultés qui en naîtraient dans ses négociations avec l'Autriche. Il n'en désirait pas moins vivement continuer son rôle de pacificateur, malgré les allures hautaines et les dispositions belliqueuses de son gouvernement.

« Il ne faut plus ménager l'Autriche, lui disait-on ; sa perfidie, son intelligence avec les conspirateurs de l'intérieur sont manifestes. La trêve n'était pour elle qu'un prétexte de se ménager le temps nécessaire pour réparer ses pertes, et attendre les mouvements intérieurs que le 18 fructidor a prévenus.... »

Déjà mécontent du Directoire, qui avait envoyé

un officier pour surveiller ses opérations, mission
dont il s'acquittait avec fort peu d'adresse, Bonaparte saisit cette occasion d'exprimer son mécontentement.

« Je vous prie de me remplacer et de m'accorder ma démission, écrivait-il. Aucune puissance
sur la terre ne sera capable de me faire continuer
de servir, après cette marque horrible de l'ingratitude du gouvernement, à laquelle j'étais bien
loin de m'attendre. Ma santé, considérablement
affectée, demande impérieusement du repos et de
la tranquillité. »

Le Directoire n'osa pas accepter cette démission, si fièrement donnée ; il s'humilia même
devant son général.

« Le repos de la république nous défend de
penser au vôtre. Le Directoire exécutif croit à la
vertu du général Bonaparte, il s'y confie.... Le
18 fructidor, la France a repris sa place en Europe;
elle a besoin de vous pour s'y maintenir. »

Après une telle abdication de la part de ses
chefs naturels, Bonaparte se sentit maître désormais de négocier comme il l'entendait. Les conférences commencèrent le 26 septembre 1797, et
elles se tinrent alternativement à Udine et à
Passeriano. A un dernier entretien qui eut lieu le
16 octobre à Udine, chez le comte de Cobentzel,
la discussion devint fort animée. Le comte de Cobentzel se débattait contre l'*ultimatum* posé par le
général français, et assurait que l'empereur était

irrévocablement résolu à s'exposer à toutes les
chances de la guerre, à fuir même de sa capitale,
plutôt que de consentir à une paix aussi désavan-
tageuse. En même temps il menaçait du secours
des troupes russes; il finit par dire qu'il partirait
dans la nuit, et que tout le sang qui coulerait
dans cette nouvelle lutte retomberait sur le né-
gociateur français.

« Eh bien ! dit Bonaparte, la trêve est donc
rompue et la guerre déclarée ! Mais souvenez-
vous qu'avant la fin de l'automne, je briserai
votre monarchie comme je brise cette porce-
laine. » Et, s'approchant d'un guéridon sur lequel
était un cabaret de prix donné à Cobentzel par
l'impératrice Catherine, il le jeta à terre, salua les
négociateurs stupéfaits et se rendit à Passeriano.
Avant de remonter en voiture, il avait expédié
un officier à l'archiduc Charles, pour le prévenir
que les hostilités recommenceraient sous vingt-
quatre heures.

Devant une volonté si ferme, toutes les ruses
diplomatiques devaient échouer. Le lendemain,
17 octobre, la paix était signée à cinq heures du
soir à Campo-Formio, petit village entre Udine et
Passeriano.

Il est vrai qu'on cédait Venise à l'Autriche;
mais l'empereur reconnaissait à la république ses
limites naturelles, le Rhin, les Alpes, la Méditerranée, les Pyrénées et l'Océan. Mantoue était incorporée à la nouvelle république Cisalpine;
Mayence, le boulevard important de l'Est, était
livrée aux troupes françaises ; les îles Ioniennes,
enlevées à l'Angleterre, restaient à la France;
enfin la paix de l'empire devait se traiter à Rastadt.

« Jamais, écrivait Bonaparte à Talleyrand, jamais, depuis plusieurs siècles, on n'a fait une paix plus brillante que celle que nous faisons. »

Malgré quelques critiques sincères ou affectées, la nouvelle de la paix depuis longtemps désirée et attendue fut accueillie à Paris avec bonheur. Berthier et le savant Monge, qui apportaient le traité, y recueillirent les expressions les plus ardentes de la reconnaissance populaire. Le Directoire seul se montra moins satisfait ; il semblait craindre un subordonné devenu presque un maître, et se hâtait de l'éloigner en le nommant général en chef de l'armée d'Angleterre.

Le 15 novembre, en effet, Bonaparte prenait congé en ces termes de son armée d'Italie :

« Soldats !

« Je pars demain pour me rendre à Rastadt ; en me trouvant séparé de l'armée, je ne serai consolé que par l'espoir de me revoir bientôt avec vous, luttant contre de nouveaux dangers. Quelque poste que le gouvernement assigne à l'armée d'Italie, nous serons toujours les dignes soutiens de la liberté et du nom français. Soldats, en vous entretenant des princes que nous avons vaincus, des peuples qui vous doivent leur liberté, des combats que nous avons livrés en deux campagnes, dites-vous : « Dans deux campagnes nous « aurons plus fait encore. »

Suivait un ordre du jour qui contenait tous les titres de gloire de ses braves soldats.

Il se rendit de Milan à Rastadt, où sa présence donna tout à coup de l'importance aux plénipotentiaires français, Treilhard et Bonnier ; il n'y resta pas longtemps, car les lenteurs diplomatiques convenaient peu à son caractère ; et aussitôt après la remise de Mayence aux troupes françaises, il se mit en route. Il traversa la France incognito, arriva à Paris, et alla descendre dans sa petite maison, rue Chantereine, à laquelle la municipalité donna spontanément le nom de rue de la Victoire.

Depuis son absence, un grand changement s'était accompli dans la capitale au 18 et au 19 fructidor (4 et 5 septembre 1797). Les membres du Directoire, divisés en deux factions, avaient fini par se faire ouvertement la guerre : Barras, Laréveillère-Lepaux et Rewbel formaient la majorité ; Carnot et Barthélemy, qui avait remplacé Letourneur, composaient la minorité. Ces deux derniers furent proscrits avec plusieurs membres du corps législatif. Pour exécuter ce coup d'Etat qui préparait de loin le 18 brumaire, Bonaparte avait dû envoyer le général Augereau, militaire plein d'audace et en même temps républicain ardent, sorti du faubourg Saint-Antoine. Paris n'avait donc pas cessé, pour ainsi dire, de se recommander à lui et même de subir son influence. Rien ne pouvait se faire dans le gouvernement sans qu'il y fût plus ou moins directement associé.

Son retour fut un triomphe. Malgré sa jalousie secrète et ses craintes pour l'avenir, le Directoire lui-même se trouva obligé de faire une réception solennelle au vainqueur de l'Italie et au pacificateur de Campo-Formio. De magnifiques apprêts furent faits au Luxembourg ; une fête nationale fut donnée par le Directoire le 10 décembre, en présence des ambassadeurs étrangers. Les deux conseils des Cinq-Cents et des Anciens, voulant à leur tour rendre hommage à Bonaparte, lui donnèrent une fête brillante dans la galerie du Louvre.

Lui, au contraire, ne cherchait qu'à se soustraire à ces vains honneurs et à la curiosité publique. Un soir, au théâtre Feydeau, on apprit qu'il était dans la salle; aussitôt du parterre et des loges, on le demanda à grands cris; mais ce fut en vain : il se déroba à cette ovation. La même scène se renouvela au Théâtre-Français. « On ne conserve à Paris le souvenir de rien, disait-il à Bourrienne; si je reste longtemps sans rien faire, je suis perdu. Une renommée dans cette grande Babylone en remplace une autre; on ne m'aura pas vu trois fois au spectacle que l'on ne me regardera plus; aussi n'irai--je que rarement. »

On le voyait aussi peu fréquemment dans les salons; mais il en était où il devait se rendre, soit par convenance, soit par politique.

Une distinction à laquelle il fut très-sensible fut sa nomination à l'Institut en remplacement de Carnot, dans la classe des sciences et des arts. Sa lettre de remercîment le prouve assez.

« Citoyen président,

« Les suffrages des hommes distingués qui composent l'Institut m'honorent. Je sens bien qu'avant d'être leur égal, je serai longtemps leur écolier. S'il était une manière plus expressive de leur faire connaître l'estime que j'ai pour eux,

je m'en servirais. Les vraies conquêtes, les
seules qui ne donnent aucun regret, sont celles
que l'on fait sur l'ignorance. L'occupation la plus
honorable comme la plus utile pour les nations,
c'est de contribuer à l'extension des idées humaines.

« La vraie puissance de la république française
doit consister désormais à ne pas permettre qu'il
existe une seule idée nouvelle qui ne lui appar-
tienne. »

Il assistait assidûment aux séances, où la foule
se pressait pour le voir. Il était toujours assis entre
Laplace et Lagrange.

Cependant il allait bientôt s'éloigner de nouveau. Le 16 août 1797, il avait écrit de Milan :
« Les temps ne sont pas éloignés où nous sen-
tirons que, pour détruire véritablement l'Angleterre, il faut nous emparer de l'Egypte. »

Nommé général en chef de l'armée d'Angleterre,
il partit le 10 janvier 1798, pour voir, en parcourant
les côtes, si une invasion était possible. Au moment même de son départ, il révélait ses projets à
Bourrienne : « Si la réussite d'une descente en
Angleterre me paraît douteuse, comme je le crains,
l'armée d'Angleterre deviendra l'armée d'Orient,
et je vais en Egypte. »

En peu de jours il put se convaincre que rien
n'était prêt pour tenter la conquête de la Grande-
Bretagne. De retour à Paris, il disait à Bourrienne :
« C'est un coup de dé trop chanceux, je ne le
hasarderai pas. Je ne veux pas jouer ainsi le
sort de cette belle France. »

Dès lors il ne songea plus qu'à l'expédition d'Egypte. Le Directoire, cette fois, ne devait lui opposer aucune difficulté ; il était bien aise d'éloigner pour longtemps, pour toujours peut-être, un concurrent redoutable.

Bonaparte fit lui-même tous les préparatifs de son expédition : mesures financières, choix des généraux, formation des cadres de l'armée, réunion des vaisseaux, frégates et transports, il pourvut à tout. Le public ignorait alors quel était le but de ces formidables armements ; le secret de cette grande entreprise ne lui fut livré que lorsque tout fut préparé pour le départ. Le 12 avril 1798, Bonaparte était nommé général en chef de l'armée d'Orient.

Des événements imprévus faillirent le retenir : la Suisse et la république romaine s'étaient soulevées ; il fallut faire intervenir les troupes françaises ; le sang coula, et l'Europe fut alarmée. En même temps une imprudence du général Bernadotte, ambassadeur à Vienne, qui arbora le drapeau tricolore au haut de son hôtel, faillit compromettre la paix avec l'Autriche. Mais au fond cette puissance ne voulait pas la guerre ; des conférences eurent lieu à Seltz, et l'empereur donna des satisfactions.

Libre enfin de s'élancer vers l'Orient, *ce pays des grandes choses*, vers l'Orient auprès duquel il trouvait l'Europe *une taupière*, Bonaparte quitta Paris le 3 mai 1798.

CHAPITRE IV.

Campagnes d'Égypte et de Syrie.

Le 9 mai, Bonaparte arrivait à Toulon, et, accueilli par les troupes avec enthousiasme, leur
adressait cette proclamation :

« Soldats !

« Vous êtes une des ailes de l'armée d'Angleterre. Vous avez fait la guerre de montagnes, de
plaines, de siéges; il vous reste à faire la guerre
maritime.

« Les légions romaines, que vous avez quelquefois imitées, mais pas encore égalées, combattaient
Carthage tour à tour sur cette mer et aux plaines
de Zama. La victoire ne les abandonna jamais,
parce que constamment elles furent braves, pa-
tientes à supporter la fatigue, disciplinées et unies
entre elles.

« Soldats, l'Europe a les yeux sur vous. Vous
avez de grandes destinées à remplir, des batailles
à livrer, des dangers, des fatigues à vaincre; vous
ferez plus que vous n'avez fait pour la prospérité

de la patrie, le bonheur des hommes et votre propre gloire.

« Soldats, marins, fantassins, canonniers, cavaliers, soyez unis ; souvenez-vous que, le jour d'une bataille, vous avez besoin les uns des autres.

« Soldats matelots, vous avez été jusqu'ici négligés : aujourd'hui la plus grande sollicitude de la république est pour vous ; vous serez dignes de l'armée dont vous faites partie.

« Le génie de la liberté, qui a rendu, dès sa naissance, la république l'arbitre de l'Europe, veut qu'elle le soit des mers et des nations les plus lointaines. »

Le 19, on mettait à la voile ; jamais armement pareil n'avait sillonné les mers. La flotte portait environ 40,000 hommes de toutes armes, 10,000 marins, de l'eau pour un mois et des vivres pour deux. Bonaparte était à bord du navire amiral *l'Orient*.

Par une innovation heureuse du génie, cette armée partait accompagnée de savants, d'artistes, d'ingénieurs, de dessinateurs, de géographes, au nombre de cent environ. C'étaient, d'une part, les physiciens Monge, Berthollet et Fourier, l'archéologue Denon, les naturalistes Geoffroy Saint-Hilaire et Dolomieu ; de l'autre, les médecins Desgenettes, Larrey, Dubois. Quant aux généraux, outre Desaix et Kléber, il y avait aussi Reynier, Vaubois, Bon, Menou, Baraguay-d'Hilliers, Lannes, Murat, Belliard, Dommartin, déjà célèbres depuis l'expédition d'Italie. Le brave et savant Caffarelli du Falga, qui avait perdu une jambe sur le Rhin, commandait le génie. Berthier

était le chef de l'état-major; Brueys commandait
l'escadre; Villeneuve, Decrès, Blanquet-Duchayla
en étaient les contre-amiraux. Gantheaume était
le chef de l'état-major de la marine. Ainsi tout ce
que la France comptait de plus illustre dans la
guerre, les sciences et les arts, s'attachait à la
fortune du jeune général. On ne savait où l'on
irait aborder, mais on était prêt à le suivre au bout
du monde.

La première opinion que conçut le cabinet de
Saint-James fut que tous ces préparatifs se diri-
geaient contre l'Irlande et l'Angleterre, et que la
France voulait profiter de la paix du continent pour
terminer cette longue lutte par une guerre corps à
corps. L'amirauté anglaise équipa donc à la hâte
une nouvelle escadre, afin de renforcer celles qui
bloquaient Cadix et Brest; et un renfort de dix
vaisseaux de ligne fut envoyé à Nelson, qui croi-
sait dans la Méditerranée; tout était prévu dans
les instructions données à cet amiral, excepté une
expédition en Egypte.

Pendant ce temps, la flotte française cinglait vers
Gênes, ensuite vers Ajaccio, pour rallier les convois
réunis dans ces deux ports, puis s'avançait dans la
mer de Sicile, afin de rejoindre la division de Civita-
Vecchia. L'amiral anglais, ayant été porté par un
coup de vent sur les îles Saint-Pierre en Sardaigne,
ne l'avait pas vue sortir de Toulon : le 15 juin, il
errait sur les côtes de la Toscane; le 20, il était
devant Naples, et il apprenait du gouvernement
napolitain que, le 9, la flotte partie de Toulon avait
touché l'île de Malte.

Cette île, importante par sa position au milieu de
la Méditerranée et aux confins de l'Orient et de

l'Occident, avait été cédée par les Espagnols, en l'année 1530, aux chevaliers de l'ordre de Saint-Jean de Jérusalem, chassés de l'île de Rhodes. Longtemps ces chevaliers, célèbres par leur piété et fameux par leurs exploits, avaient défendu la Méditerranée, protégeant les pèlerins qui allaient à Jérusalem et les navires marchands des puissances chrétiennes. En 1798, leur position était bien changée : ils avaient dans l'opulence contracté le goût du luxe ; le glorieux titre de chevalier de Malte n'engageait plus à rien, et ces descendants dégénérés de Lavalette n'avaient plus même de marine. Ils opposèrent si peu de résistance à la nouvelle invasion, que Caffarelli du Falga disait, en regardant les fortifications : « Il est heureux qu'il se soit trouvé quelqu'un dans la place pour nous en ouvrir les portes. »

Après cette occupation si rapide du premier port de la Méditerranée, l'essentiel était d'échapper aux Anglais ; Bonaparte ne se souciait pas d'affronter les chances d'une bataille navale avant d'avoir déposé son armée sur la terre d'Egypte. Nelson s'était mis à sa poursuite ; il échappa, quoique serré de près, et arriva devant Alexandrie le 1er juillet. Le soir même, malgré un vent furieux qui poussait à la côte, il ordonna de commencer le débarquement. A l'instant où les premières chaloupes touchaient le rivage, une voile parut à l'horizon. Il la prit pour une voile anglaise. « O fortune, s'écria-t-il, tu m'abandonnes!... Quoi ! pas seulement trois jours ! » Elle ne l'abandonnait pas ; car il eut bientôt reconnu le pavillon français. Malgré l'avis de Brueys, il ne voulait pas attendre une mer plus calme. « Amiral, lui dit-il, nous n'avons pas de temps à perdre : la fortune ne me donne que trois jours ; si nous n'en profitons pas, nous sommes perdus. » Vers minuit, dès que 4 ou 5,000 hommes furent descendus sur la plage, il résolut d'aller avec eux surprendre Alexandrie. Energiquement défendue par les Turcs pendant quelque temps, cette ville dut bientôt ouvrir ses portes au vainqueur, et le débarquement du reste de l'armée s'effectua sans opposition.

Bonaparte s'annonçait comme le libérateur de l'Egypte, qu'il venait, disait-il, soustraire à la domination tyrannique des Mameluks. Il avait fait publier une proclamation en langue arabe :

« Depuis trop longtemps, les beys qui gouvernent l'Egypte insultent à la nation française, et couvrent ses négociants d'avanies ; l'heure de leur châtiment est arrivée.

« Depuis trop longtemps ce ramassis d'esclaves achetés dans le Caucase et la Géorgie tyrannise la plus belle partie du monde ; mais Dieu, de qui dépend tout, a ordonné que leur empire finît.

« Peuple d'Egypte, on vous dira que je viens pour détruire votre religion ; ne le croyez pas ; répondez que je viens vous restituer vos droits et punir les usurpateurs.

« Quelle sagesse, quels talents, quelles vertus distinguent les Mameluks, pour qu'ils aient exclusivement tout ce qui rend la vie aimable et douce ? Y a-t-il une belle terre, elle appartient aux Mameluks. Y a-t-il un beau cheval, une belle maison, cela appartient aux Mameluks. Si l'Egypte est leur ferme, qu'ils montrent le bail que Dieu leur en a fait. Mais Dieu est juste et miséricordieux pour le peuple. Tous les Egyptiens sont appelés à gérer toutes les places : que les plus sages, les plus instruits, les plus vertueux gouvernent, et le peuple sera heureux.

« Il y avait parmi vous de grandes villes, de grands canaux, un grand commerce : qui a tout détruit, si ce n'est l'avarice, les injustices et la tyrannie des Mameluks?...

« Malheur, trois fois malheur à ceux qui s'armeront pour les Mameluks et combattront contre nous! Il n'y aura pas d'espérance pour eux : ils périront. »

Pour bien comprendre cette proclamation, il importe de savoir quelles querelles intérieures agitaient alors la population de l'Egypte. Ce pays, divisé en trois parties, la basse Egypte, formée par le Delta ou Bahireh, l'Egypte moyenne ou Ouestanieh, la haute Egypte ou Saïd, était alors occupé par quatre populations : les Cophtes, depuis longtemps opprimés ; les Arabes, qui avaient perdu le premier rang et qui étaient disposés à seconder les Français ; 20,000 Mameluks, commandés par deux beys, et disposant souverainement de toute la haute Egypte ; enfin, un petit nombre de troupes qui accompagnaient le pacha et tremblaient avec lui devant les Mameluks. Les Mameluks, fils du Caucase, étaient généralement détestés comme des envahisseurs et des conquérants étrangers ; en se déclarant contre eux, Bonaparte mettait de son côté tous les mécontents. Son vrai but était l'établissement d'une colonie française sur le Nil, l'ouverture d'un immense débouché à nos manufactures dans l'Afrique, l'Arabie et la Syrie, et surtout la facilité d'aller attaquer la puissance anglaise dans

4

l'Inde, en partant de l'Egypte comme d'une place d'armes pour porter sur l'Indus 60,000 hommes, qui, avec l'aide des populations soulevées, renverseraient facilement l'orgueilleuse domination des marchands britanniques.

« Vous allez entreprendre une conquête dont les effets sur la civilisation et le commerce du monde sont incalculables, avait-il dit à ses soldats. Vous porterez à l'Angleterre le coup le plus sûr et le plus sensible, en attendant que vous puissiez lui donner le coup de mort. »

Dans les notes dictées à Sainte-Hélène, on lit les phrases suivantes : « Le principal but de l'expédition des Français en Orient était d'abaisser la puissance anglaise. C'est du Nil que devait partir l'armée qui allait donner de nouvelles destinées aux Indes. L'Egypte devait remplacer Saint-Domingue et les Antilles, et concilier la liberté des noirs avec les intérêts de nos manufactures. La conquête de cette province entraînait la perte de tous les établissements anglais en Amérique et dans la presqu'île du Gange. Les Français une fois maîtres des ports d'Italie, de Corfou, de Malte et d'Alexandrie, la Méditerranée devenait un lac français. »

Après la prise d'Alexandrie, l'armée se dirigea vers le Caire; mais il lui fallut traverser des déserts de sable où elle eut beaucoup à souffrir. On entendit même des murmures; heureusement cette mauvaise humeur finit par s'exhaler en plaisanteries qui avaient l'avantage de faire oublier la fatigue. Caffarelli avait une jambe de bois, ayant perdu la sienne sur les bords du Rhin. « Celui-là se moque bien de ce qui arrivera, disaient les sol-

dats en le voyant passer; il est toujours bien sûr
d'avoir un pied en France. » Puis, se rappelant au
milieu du désert la proclamation du général en
chef, qui leur promettait à chacun sept arpents de
terre : « Si c'est ici que doivent être situés nos domaines, disaient-ils, le général pouvait bien assurément nous promettre du terrain à discrétion ;
nous n'en aurions pas abusé. » Bonaparte lui-
même courait les plus grands dangers; il ne se
trouva, un jour, séparé des tirailleurs arabes que
par une éminence derrière laquelle ils ne le virent
point. Quand il fut hors de leur atteinte, il s'écria
plaisamment : « Il n'est donc pas écrit là-haut que
je doive être pris par les Arabes. » Il faisait allu-
sion au fatalisme des musulmans, qui croient leur
destinée écrite et fixée d'avance.

. Enfin parut le Nil, et toute l'armée s'y plongea
avec joie. Elle vit, ce jour-là, galoper devant elle
2 ou 300 Mameluks. C'étaient les premiers qu'on
eût aperçus : ils annonçaient la prochaine rencontre de l'ennemi. Bientôt un premier engagement eut lieu entre la flottille française et la flottille turque ; celle-ci fut vaincue, et Bonaparte put
reprendre la route du Caire. Les vivres manquaient, et lui-même jeûna plus d'une fois pendant
vingt-quatre heures. La nuit, on campait sur des
tas de blé ; mais comme on ne rencontrait ni moulin
ni four, il fallait broyer ce blé entre des pierres et
le faire ensuite bouillir dans une eau malsaine, ou
bien en dévorer les grains torréfiés. Des murmures
s'élevaient parmi les vieux grenadiers et même
parmi les officiers. Bonaparte, pour donner
l'exemple de la résignation, avait soin de faire placer son bivouac dans les lieux les moins commodes.

Le 21 juillet, on se trouva tout à coup en présence d'une partie de l'armée égyptienne. Les Mameluks sont rangés en bataille entre les villages de Gisch et d'Embabeh; déjà leurs escadrons s'ébranlent, il faut donc combattre sur-le-champ, sans reprendre haleine. Vers la droite, en arrière de Gisch, près des ruines de Memphis, apparaissent les grandes Pyramides. Avant de donner le signal de la bataille, Bonaparte étend la main vers ces immenses sarcophages des anciens Pharaons : « Soldats, s'écrie-t-il, songez que du haut de ces monuments quarante siècles vous contemplent. »

Le combat s'engage, mais la valeur téméraire des Mameluks échoue devant des masses hérissées de baïonnettes. De riches dépouilles, quarante canons et plus de quatre cents chameaux tombent entre les mains des vainqueurs, qui n'étaient plus séparés du Caire que par un fleuve désormais libre d'obstacles.

L'effroi était déjà bien grand dans cette ville. Bonaparte crut devoir adresser aux habitants une proclamation pour les rassurer :

« Peuple du Caire, je suis content de votre conduite; vous avez bien fait de ne pas prendre parti contre moi. Je suis venu pour détruire la race des Mameluks, protéger le commerce et les naturels du pays. Que tous ceux qui ont peur se tranquillisent; que ceux qui se sont éloignés rentrent dans leurs maisons.

« Comme il est urgent qu'il y ait des hommes chargés de la police, afin que la tranquillité ne soit pas troublée, il y aura un divan composé de sept personnes, qui se réuniront à la mosquée de Ver ; il y en aura toujours deux près du commandant de la place, et quatre seront occupées à maintenir la tranquillité publique et à veiller à la police. »

Il écrivait au pacha dans le même but :

« L'intention de la république française, en occupant l'Egypte, a été d'en chasser les Mameluks, qui étaient à la fois rebelles à la Porte et ennemis déclarés du gouvernement français. Aujourd'hui qu'elle s'en trouve maîtresse par la victoire signalée que son armée a remportée, son intention est de conserver au pacha du Grand Seigneur ses revenus et son existence. Je vous prie d'assurer la Porte qu'elle n'éprouvera aucune espèce de perte, et que je veillerai à ce qu'elle continue de percevoir le même tribut qui lui était ci-devant payé. »

Le quartier général fut alors transporté de Giseh au Caire ; et Bonaparte, en y entrant, put juger du bon effet de ses paroles ; la population rassurée se pressait autour de lui, et le cri de joie : *Nullul !* retentissait du haut des minarets.

Le nouveau divan fut organisé par le *grand sultan* des Francs, et l'administration de l'Egypte fut changée par le vainqueur.

Mais il ne suffisait pas de donner à la ville du Caire une organisation civile ; il importait aussi d'achever la ruine des Mameluks. Bonaparte les poursuivit, les vainquit à Salehyeh et les rejeta dans le désert.

Cependant, tandis que l'armée de terre continuait sa marche et ses triomphes, la flotte essuyait une grande défaite. L'amiral anglais Nelson, qui n'avait pu l'arrêter sur la Méditerranée, alors qu'elle portait Bonaparte, venait de la rencontrer stationnant sur la plage d'Aboukir. Il la vainquit complétement; beaucoup de vaisseaux furent pris ou coulés à fond, et l'amiral Brueys fut tué. Ce désastre était d'autant plus funeste, que la Turquie et plusieurs autres puissances n'attendaient qu'une occasion pour se déclarer. La Porte Ottomane signifia immédiatement la rupture de son alliance séculaire avec la France, et le pacha de Damas reçut l'ordre de marcher sur l'Egypte, pendant que le capitan-pacha s'embarquait avec une nouvelle armée et cinglait vers Alexandrie. Ainsi, 40,000 Français, séparés de leur patrie, allaient avoir à soutenir les attaques combinées des flottes anglaises et des armées turques.

A la nouvelle du désastre d'Aboukir, Bonaparte fut vivement ému; il se voyait, pour ainsi dire, enfermé et prisonnier dans sa propre conquête. Il eut soin de cacher son trouble, et, après avoir lu silencieusement le rapport de Kléber, il dit à ceux qui l'entouraient : «Nous n'avons plus de flotte : eh bien! il faut mourir ici, ou en sortir grands comme les anciens! »

Il revint au Caire, où étaient arrivées en même temps les nouvelles de la déroute des Mameluks fuyant vers la Syrie, et de la ruine de l'escadre française dans les eaux d'Aboukir. Ces deux nouvelles s'étant promptement répandues, il fut besoin d'intimider la population par un acte de vigueur; deux habitants qui s'étaient entretenus publiquement de l'affaire d'Aboukir furent arrêtés et condamnés à perdre la langue. On se contenta, du reste, de leur laisser pendant quelques heures la perspective de cet affreux supplice, puis ils n'eurent qu'à payer une amende de 1,200 fr. et furent relâchés. Au lieu de comprimer par la terreur l'esprit de révolte, Bonaparte aima mieux se gagner les cœurs et se concilier les esprits. C'est dans ce but qu'il assista à la grande fête de l'inondation du Nil, qui, chaque année, féconde la terre d'Egypte par ses débordements périodiques. Le soir, toute la ville fut illuminée, et le peuple célébra la bienvenue du sultan des Francs. « Oui, lui disait-il, vous êtes venu nous délivrer par l'ordre du Dieu miséricordieux, car vous avez pour vous la victoire et le plus beau Nil qui ait été vu depuis un siècle. (L'élévation du Nil avait été de vingt-cinq pieds.) Ce sont deux bienfaits que Dieu seul peut accorder. »

Les ulémas avaient chanté dans la grande mosquée cet hymne de reconnaissance :

« Le grand Allah n'est plus irrité contre nous. Il a oublié nos fautes, assez punies par la longue oppression des Mameluks. Chantons les miséricordes du grand Allah !

« Quel est celui qui a sauvé des dangers de la mer et de la fureur de ses ennemis le favori de la victoire ?

« Quel est celui qui a conduit sains et saufs, sur les rives du Nil, les braves de l'Occident?

« C'est le grand Allah, le grand Allah qui n'est plus irrité contre nous. Chantons les miséricordes du grand Allah !

« Les beys mameluks avaient mis leur confiance

dans leurs chevaux ; les beys mameluks avaient
rangé leur infanterie en bataille.

« Mais le favori de la victoire, à la tête des
braves de l'Occident, a détruit l'infanterie et les
chevaux des Mameluks.

« De même que les vapeurs qui s'élèvent le
matin du Nil sont dissipées par les rayons du soleil,
de même l'armée des Mameluks a été dissipée par
les braves de l'Occident, parce que le grand Allah
est actuellement irrité contre les Mameluks, parce
que les braves de l'Occident sont la prunelle droite
du grand Allah ! »

Le 20 août, deux jours après, Bonaparte célé-
brait la fête commémorative de la naissance de
Mahomet. Le lendemain il fondait l'Institut d'É-
gypte, et, jaloux de rendre un éclatant hommage
au mérite de Monge, il n'acceptait que la vice-
présidence de cette illustre assemblée ; Monge en
fut nommé président, et Fourier, secrétaire.

Malgré toutes les marques de déférence, Bonaparte se défiait des cheiks du Caire. Il les invitait
souvent à sa table. On raconte qu'assis un jour
près de l'un d'entre eux, il lui fit cette question :
« Depuis six mois que je suis avec vous, que vous
ai-je, à votre sens, appris de plus utile ? — Ce
que vous m'avez appris de plus utile, répondit le
cheik, c'est de boire en mangeant. » L'usage des
Arabes est, en effet, de ne boire qu'à la fin des
repas. Un autre jour, voulant mettre à l'épreuve
la fidélité des membres du divan, il s'avança vers
le président et plaça sur sa poitrine une cocarde
tricolore. Celui-ci se prosterna jusqu'à terre, fit
les plus étranges contorsions, déclara de la ma-

nière la plus énergique, et, autant qu'il put, la ·
plus respectueuse, qu'il refusait de porter ces
insignes de la servitude. En vain le drogman leur
tint ce discours : « O cheiks, vous êtes les amis
du général en chef, et il veut vous faire honneur
par cette marque de distinction; lorsque vous serez décorés, le peuple et l'armée vous respecte-
ront. » Les cheiks répondirent : « Mais aux yeux
de nos frères les musulmans et du grand Allah,
nous serons avilis. » Ils consentirent enfin, tout
en protestant, à suspendre à leur poitrine, quand
ils étaient appelés près de Bonaparte, l'emblème
abhorré; à peine étaient-ils sortis, que, sur le
seuil du palais, ils se hâtaient de dissimuler cette
cocarde officielle dans les poches de leurs amples
pantalons.

Quelle que fût à leur égard la tolérance du général français, ils avaient peine à s'accoutumer à
toutes ses innovations les plus utiles de police et
de bonne administration. Lorsqu'il s'agit, par
exemple, d'établir des cimetières dans la campagne, les femmes accoururent en foule, pleu-
rant, priant, menaçant les profanateurs de leurs
ossuaires domestiques, et il fallut suspendre les
travaux commencés. Beaucoup d'autres entreprises
purent cependant être menées à bonne fin : les
rues furent éclairées et balayées; on bâtit un
théâtre, on ouvrit un jardin public, espèce de
Tivoli; le soldat français pouvait se croire transporté dans une de nos places fortifiées.

Le 22 septembre, comme pour compléter cette
illusion, on célébra l'anniversaire de la république.
Deux arcs de triomphe avaient été élevés; entre
eux on avait construit un vaste plancher au milieu

4.

duquel se trouvait un obélisque à quatre côtés,
chargé d'inscriptions; l'armée défila devant son
général, qui lui adressa cette allocution :

« Soldats!

« Nous célébrons le premier jour de l'an VII
de la république. Il y a cinq ans, l'indépendance
du peuple français était menacée ; mais vous
prîtes Toulon; ce fut le présage de la ruine de vos
ennemis.

« Un an après, vous battiez les Autrichiens à
Dego.

« L'année suivante, vous étiez sur le sommet
des Alpes; vous luttiez contre Mantoue il y a deux
ans, et vous remportiez la célèbre victoire de
Saint-Georges.

« L'an passé, vous étiez aux sources de la Drave
et de l'Isonzo, de retour de l'Allemagne.

« Qui eût dit alors que vous seriez aujourd'hui
sur les bords du Nil, au centre de l'ancien continent?

« Depuis l'Anglais, célèbre dans les arts et le
commerce, jusqu'au hideux et féroce Bédouin,
vous fixez les regards du monde.

« Soldats, votre destinée est belle, parce que
vous êtes dignes de ce que vous avez fait et de
l'opinion qu'on a de vous. Vous mourrez avec honneur comme les braves dont les noms sont inscrits
sur cette pyramide, et vous retournerez dans votre
patrie couverts de lauriers et de l'admiration de
tous les peuples.

« Depuis cinq mois que nous sommes éloignés
de l'Europe, nous avons été l'objet perpétuel des
sollicitudes de nos compatriotes. Dans ce jour,

40,000,000 de citoyens célèbrent l'ère du gouvernement représentatif, 40,000,000 de citoyens pensent à vous ; tous disent : « C'est à leurs tra- « vaux, à leur sang, que nous devons la paix « générale, le repos, la prospérité du commerce « et les bienfaits de la liberté civile. »

A la fin de ce discours, éclatèrent de toutes parts les cris de « Vive la république ! vive le général Bonaparte ! »

Le soir, il y eut au palais un grand festin qui présentait le plus singulier aspect. A côté du costume simple et sévère des officiers français brillaient les pelisses soyeuses des Orientaux et leurs turbans de cachemire. Pendant ce temps, le drapeau tricolore flottait sur la plus haute des pyramides de Giseh.

Bonaparte apprit alors les victoires de ses généraux dans les autres parties de l'Égypte, les combats de la Mansourah et la prise de Remerich, la campagne de Desaix dans le Faïoum et la victoire de Sedment, enfin la ruine des Mameluks. Mais la vive satisfaction que lui causèrent ces nouvelles fut bientôt troublée par les graves événements qui eurent pour théâtre la ville du Caire. Le sultan de Constantinople, entraîné par l'Angleterre, avait fait répandre à profusion des manifestes de guerre :

« Le peuple français (Dieu veuille détruire son pays de fond en comble et couvrir d'ignominie son drapeau !) est une nation d'infidèles obstinés et de scélérats sans frein.... Ils regardent le Coran, l'Ancien Testament et l'Évangile, comme des fables.

« O vous, défenseurs de l'islamisme; ô vous,
héros, protecteurs de la foi; ô vous, adorateurs
d'un seul Dieu, qui croyez à la mission de Mahomet, fils d'Abder-Allah, réunissez-vous et mar-
chez au combat sous la protection du Très-Haut!

« Grâce au ciel, vos sabres sont tranchants,
vos flèches sont aiguës, vos lances sont perçantes,
vos canons ressemblent à la foudre!

« Dans peu, des troupes aussi nombreuses que
redoutables s'avanceront par terre, en même temps
que des vaisseaux, aussi hauts que des montagnes,
couvriront la surface des mers.....

« Il vous est, s'il plaît à Dieu, réservé de présider à leur entière destruction. Comme la pous-
sière que le vent disperse, il ne restera plus aucun
vestige de ces infidèles; car la promesse de Dieu
est formelle; l'espoir du méchant sera trompé, et
les méchants périront. Gloire au Seigneur des
mondes! »

Excités par cette proclamation, les Arabes
s'unissent aux Mameluks; des rassemblements tumultueux se forment dans divers quartiers de la
ville; les jeunes gens prennent les armes, la population des faubourgs se soulève, et les crieurs
publics, du haut des mosquées, annoncent que
l'heure est venue de venger le Prophète en écrasant
ces impurs chrétiens.

Bonaparte se trouvait en ce moment au vieux
Caire, où était son quartier général. A cinq
heures du matin, on vient lui apprendre que les
Français sont enveloppés de tous côtés par des
hordes furieuses de révoltés. Il monte à cheval;
bientôt il est maître de la ville et fait adresser

aux insurgés des paroles de paix et de pardon.
Ces malheureux refusent; dès lors, rien n'est
épargné; cette grâce qu'ils repoussaient tout à
l'heure, ils la réclament maintenant. « L'heure
de la clémence est passée, répond Bonaparte ;
vous avez commencé, c'est à moi de finir. » On
compta les morts : la ville du Caire avait perdu
4,000 habitants, et l'armée française environ
300 hommes.

Les principaux auteurs de la révolte furent punis
de mort; le divan fut provisoirement remplacé par
un conseil militaire. Deux mois après, tout étant
rentré dans l'ordre, il fut rétabli; une amnistie
générale fut ensuite accordée. Divers placards
signés par le général en chef annonçaient que la
justice avait eu son cours, et qu'on ne recherche-
rait plus aucun coupable.

Quand la pacification des esprits fut achevée,
Bonaparte quitta le Caire pour aller visiter
l'isthme de Suez et les vestiges du canal antique
qui unissait la Méditerranée à la mer Rouge. Il
passa cette mer, et alla voir sur la rive orientale,
au sud-est de Suez, les célèbres sources de
Moïse, au nombre de huit. Il aimait à errer sur
les limites des deux mondes et à promener ses
regards des sables de l'Asie aux sables de l'A-
frique. Dans une de ses courses, il courut un
grand danger : les vagues montaient de plus en
plus, et on raconte que si un des soldats de l'escorte
ne l'avait pas rapidement emporté sur ses épaules,
il était peut-être enseveli dans ces ondes qui en-
gloutirent l'armée marchant à la poursuite des
tribus d'Israël.

A son retour, il apprit à Belbeis que de nouvelles entreprises se préparaient : deux armées turques se réunissaient, l'une à Rhodes, l'autre en Syrie, pour attaquer les Français en Egypte. Elles devaient agir simultanément dans le courant de mai 1799, la première en débarquant à Aboukir, et la seconde en traversant le désert qui sépare la Syrie de l'Egypte. Si les Français restaient tranquilles en Egypte, ils allaient y être cernés à la fois par les deux armées ; de plus, il était à craindre qu'un corps de troupes européennes ne se joignît à elles et que le moment de l'agression ne coïncidât avec des troubles intérieurs. Mieux valait prévenir les ennemis, traverser le grand désert pendant l'hiver, attaquer et détruire les troupes au fur et à mesure qu'elles se rassembleraient. D'après ce plan, les divisions de l'armée de Rhodes étaient obligées d'accourir au secours de la Syrie, et l'Egypte demeurait paisible ; ce qui aurait permis d'appeler successivement la plus grande partie des forces en Syrie.

Bonaparte, d'ailleurs, a de plus hautes vues encore. S'il n'est pas arrêté par quelque obstacle imprévu, s'il culbute à la première rencontre les bandes commandées par le pacha d'Acre, il s'empare aussitôt de Gaza, de Jérusalem, de Jaffa, d'Acre, de Tyr et de Damas, et tout le pays se déclare pour lui ; alors, tandis que ses généraux se maintiennent en Egypte, il se dirige sur l'Euphrate avec une armée d'auxiliaires, et va menacer Constantinople et les possessions de la Compagnie des Indes. Il traverse les vastes plaines de l'Asie, et reconnaît la voie qui fut autrefois suivie par l'armée d'Alexandre ; quand enfin il arrive au bord de l'Indus, les peuples se soumettent au seul bruit

de son nom ; il est salué partout comme un libérateur longtemps attendu, et tout l'Orient est son
domaine. Desseins chimériques, téméraires, soit !
Mais a-t-on une intelligence surhumaine pour ne
voir que le réel, pour ne vouloir que le possible ?
D'ailleurs, une victoire seulement ! et ce rêve
devient une réalité.

Bonaparte prend donc l'offensive, laisse Desaix
pour soumettre la haute Egypte, et part avec la
plus grande partie de son armée pour la Syrie. Il
venait d'écrire aux membres du Directoire :

« Les Anglais ont obtenu de la Porte que Djez-
zar-Pacha aurait, outre son pachalick d'Acre,
celui de Damas. Ibrahim-Pacha, Abdallah-Pacha et
d'autres pachas, sont à Gaza et menacent l'Egypte
d'une invasion. Je pars dans une heure pour aller
les trouver. Il faut passer neuf jours au milieu d'un
désert, sans eau ni herbe. J'ai ramassé une quan-
tité assez considérable de chameaux, et j'espère
que nous ne manquerons de rien. Quand vous lirez
cette lettre, il serait possible que je fusse sur les
ruines de la ville de Salomon. »

Monté sur un dromadaire, il franchit le désert,
suivant la même route que les Juifs sous Moïse,
et les Grecs sous Alexandre. Le 17 février 1799,
il était devant El-Arich. Cette forteresse fut prise
malgré une vive résistance. On marcha ensuite
sur Gaza, car il fallait se hâter de franchir les
sables et de pénétrer dans les vallées fécondes
de la Syrie. Là il n'y eut point de résistance ;
la cavalerie musulmane ayant pris la fuite, les
habitants demandèrent la paix, qui leur fut accordée, et l'armée entra dans la ville sans coup férir.

Le 3 mars, Bonaparte arrivait sous les murs de Jaffa. Il prend pitié des habitants, et fait envoyer un parlementaire au lieutenant de Djezzar pour lui dire :

« Vous êtes responsable devant Dieu des hommes que vous commandez ; craignez la colère du général Bonaparte ; tout ce qu'il entreprend réussit. Par un mouvement de compassion, il me charge de vous instruire que la brèche est ouverte et que la mort est inévitable pour tous ceux qui voudraient s'opposer à la volonté de Dieu ; car tout ce que Dieu veut arrive. »

On attend pendant une heure le retour du messager pacifique ; il ne revient pas : le gouverneur de la ville lui avait fait couper la tête. Cette violation du droit des gens fut sévèrement punie. La fureur des soldats fut sans égale. C'était de la rage ; les chefs eux-mêmes furent contraints de tirer le sabre, pour arracher les victimes à leurs mains sanglantes.

Ce fut à Jaffa que la peste envahit et décima l'armée ; déjà les premiers symptômes s'étaient manifestés dès le commencement du siége. Bonaparte fait établir aussitôt l'hôpital des pestiférés, dans lequel eut lieu cette mémorable scène dont Gros a fait l'un des chefs-d'œuvre de la peinture française. Il fallait relever le moral des soldats malades ; le général en chef entre dans toutes les salles des pestiférés ; il leur parle, il les touche et les rassure.

En dépit du terrible fléau, l'armée continua sa marche, et, le 20 mars, elle arrivait devant Saint-

Jean-d'Acre. Mais l'amiral anglais Sidney-Smith s'y était renfermé, et il résista à tous les efforts et donna le temps au pacha de Damas d'arriver à la tête de son armée. A cette nouvelle, Bonaparte s'éloigna de Saint-Jean-d'Acre, atteignit les Turcs au pied du mont Thabor, le 16 avril 1799, et battit complétement l'armée du pacha. Cette journée est une des plus mémorables dans les annales de la gloire française. Six mille hommes avaient, en quelques heures, détruit une armée formidable, et ne laissaient que 200 morts sur un champ de bataille couvert de cadavres.

Bonaparte revint ensuite reprendre et presser le siége de Saint-Jean-d'Acre ; mais cette ville résista encore ; et un conseil de guerre s'étant réuni pour savoir quel parti prendre, tous les généraux conseillèrent à Bonaparte de l'abandonner. « Citoyen général, lui dit Kléber, je compare la ville d'Acre à une pièce de drap. Lorsque je vais chez le marchand pour l'acheter, je demande à la palper, je la vois, je la touche ; et si je la trouve trop chère, je la laisse. » Tel fut l'avis de tout le conseil. Bonaparte l'adopta, non sans éprouver de vifs regrets. « Cet homme, répétait-il souvent en parlant de Sidney-Smith, m'a fait manquer ma destinée. » Il lui fallait, en effet, renoncer à son plan d'invasion dans l'Inde. A Sainte-Hélène, il s'en souvenait encore et dictait alors ces phrases bien significatives : « Les plus petites circonstances entraînent les plus grands événements. Si Saint-Jean-d'Acre fût tombé, je changeais la face du monde. »

Le 18 mai, la levée du siége fut annoncée à l'armée par cette proclamation :

« Soldats !

« Vous avez traversé le désert qui sépare l'Afrique de l'Asie, avec plus de rapidité qu'une armée d'Arabes. L'armée qui était en marche pour envahir l'Égypte est détruite ; vous avez pris son général, son équipage de campagne, ses bagages, ses outres, ses chameaux. Vous vous êtes emparés de toutes les places fortes qui défendent les puits du désert.

« Vous avez dispersé, aux champs du mont Thabor, cette nuée d'hommes accourus de toutes les parties de l'Asie dans l'espoir de piller l'Égypte.

« Les seuls vaisseaux que vous avez vus arriver devant Acre, il y a douze jours, portaient l'armée qui devait assiéger Alexandrie ; mais, obligée d'accourir à Acre, elle y a fini ses destins. Une partie de ses drapeaux orneront votre entrée en Égypte.

« Enfin, après avoir, avec une poignée d'hommes, nourri la guerre pendant trois mois dans le cœur de la Syrie, pris quarante pièces de campagne, cinquante drapeaux, fait 6,000 prisonniers, rasé les fortifications de Gaza, Jaffa, Caïffa, Acre, nous allons rentrer en Égypte : la saison des débarquements m'y rappelle.

« Encore quelques jours, et vous aviez l'espoir de prendre le pacha lui-même au milieu de son palais ; mais, dans cette saison, la prise du château d'Acre ne vaut pas la perte de quelques jours ; les braves que je devais y perdre me sont aujourd'hui nécessaires pour des opérations essentielles.

« Soldats, nous avons une carrière de fatigues et de dangers à parcourir. Après avoir mis l'Orient hors d'état de rien faire contre nous dans cette campagne, il nous faudra peut-être repousser les efforts d'une partie de l'Occident.

« Vous y trouverez une nouvelle occasion de gloire ; et si, au milieu de tant de combats, chaque jour est marqué par la mort d'un brave, il faut que de nouveaux braves se forment et prennent place à leur tour parmi ce petit nombre qui donne l'élan dans les dangers et maîtrise la victoire. »

Bonaparte cherchait sans doute à relever ainsi le moral du soldat découragé.

Quoi qu'il en soit, après une retraite difficile à travers le désert, il rentra en Egypte. En son absence, ses généraux, Desaix dans la haute Egypte, Dugua dans la basse Egypte, Lanusse dans le Delta, avaient maintenu l'ordre en réprimant quelques révoltes partielles. Cependant la plupart des beys, sachant qu'une armée turque ne tarderait pas à débarquer à Aboukir, résolurent de se joindre à elle. Le 12 juillet 1799, cette nouvelle armée turque, sous les ordres de Mustapha-Pacha, et l'escadre anglaise commandée par Sidney-Smith, arrivèrent à Aboukir, au lieu même où l'escadre française avait été détruite autrefois. Bonaparte vengea cette ancienne défaite par une éclante victoire. « Nous avons, disait-il à ses vétérans, nous avons conquis Mayence et la limite du Rhin en envahissant une partie de l'Allemagne ; nous venons de reconquérir aujourd'hui nos établissements aux Indes et ceux de nos alliés. Par une seule opération, nous avons remis dans les mains du gouvernement le pouvoir d'obliger l'Angleterre, malgré ses triomphes maritimes, à une paix glorieuse pour la république. Nous avons beaucoup souffert; nous avons eu à combattre des ennemis de toute espèce; nous en avons encore à vaincre; mais enfin le résultat sera digne de nous et nous méritera la reconnaissance de la patrie. »

Après cette victoire, il envoya à Sidney-Smith deux parlementaires pour traiter de l'échange des prisonniers. Celui-ci les accueillit très-bien, et, affectant de leur témoigner la plus exquise courtoisie, leur confia des journaux anglais et la *Gazette française de Francfort*; ces journaux furent mis sous les yeux de Bonaparte, qui, depuis dix mois, ignorait tout à fait ce qui se passait en France et en Europe. C'est alors qu'il put apprendre que la France, qu'il avait laissée victorieuse, était compromise par les fautes du Directoire et par les revers de ses armées en Allemagne et en Italie. « Eh bien! s'écria-t-il, l'Italie est perdue! Tout le fruit de nos victoires a disparu! Il faut que je parte! »

Il cacha les préparatifs de son départ; mais bientôt il laissa à Kléber le commandement de l'Egypte, qu'il lui confiait en ces termes:

« Il est ordonné au général Kléber de prendre le commandement en chef de l'armée d'Orient, le gouvernement m'ayant appelé près de lui. » A cet ordre il joignait des instructions fort étendues, qui sont considérées comme un des plus beaux monuments de son génie; enfin la proclamation suivante était adressée à l'armée:

« Soldats !

« Des nouvelles de l'Europe m'ont décidé à partir pour la France. Je laisse le commandement de l'armée au général Kléber. L'armée aura bientôt de mes nouvelles. Je ne puis en dire davantage.

« Il me coûte de quitter les soldats auxquels je suis le plus attaché; mais ce ne sera que momentanément, et le général que je leur laisse a la confiance du gouvernement et la mienne.

« BONAPARTE. »

Il partit; mais quand les deux frégates sortirent d'Alexandrie, une corvette anglaise fut signalée dans la rade; elle venait fermer le passage. « Ne craignez rien, dit Bonaparte à ses compagnons, nous arriverons. La fortune ne nous a jamais abandonnés; nous arriverons en dépit des Anglais. » Et comme le contre-amiral voulait prendre la haute mer : « Je veux, dit-il, que vous longiez autant que possible la côte d'Afrique. Vous suivrez cette route jusqu'au Sud de la Sardaigne. J'ai ici une poignée de braves, j'ai un peu d'artillerie. Si les Anglais se présentent, je m'échoue sur les sables; je gagnerai par terre, avec ma troupe, Oran, Tunis, ou un autre port, et là je trouverai le moyen de me rembarquer. »

Le 1er octobre 1799, les deux frégates entraient dans le port d'Ajaccio. Là, Bonaparte demanda à être admis sans retard en libre pratique : on eut recours à la ruse. Le président de la commission sanitaire ayant invité ses collègues à rendre

visite au général, le patron du canot qui les conduisait feignit un accident de manœuvre, et, en
abordant le *Muiron*, mit les membres de la commission en contact avec l'équipage de ce navire.
Forcé dès lors ou de subir eux-mêmes la quarantaine ou d'admettre avec eux dans le port Bonaparte et les siens, ils prirent ce dernier parti.

Bonaparte fut reçu dans sa ville natale avec
toutes les démonstrations de la joie la plus vive;
les vents contraires le forcèrent d'y rester neuf
jours, qu'il employa à se faire raconter en détail
la suite des événements qui s'étaient passés en son
absence. Le 7 octobre, on vint l'avertir, pendant
un bal, que les vents devenaient favorables, et
qu'il fallait se presser de quitter le port. Aussitôt
il se rendit à bord et donna l'ordre de mettre à la
voile.

En vue des côtes de France apparurent dix
voiles anglaises; le contre-amiral voulait virer de
bord et retourner en Corse. Bonaparte monte
sur le pont. « Votre manœuvre, dit-il, nous con-
duirait en Angleterre; je veux aborder en
France. »

Le 9 octobre, il débarque à Fréjus, traverse le
port, monte à la hâte dans une chaise de poste, et
se dirige sur Paris.

CHAPITRE V.

—

L'enthousiasme qui accueillit Bonaparte à son retour fut immense ; de Fréjus à Aix, il fut escorté par des foules joyeuses qui couraient avec des flambeaux autour de sa voiture. A Lyon, il se rendit au théâtre ; on y représenta une pièce de circonstance : *Le Héros de retour*. A Paris, dès que la nouvelle de son arrivée se répandit, des cris de *Vive la république ! Vive Bonaparte !* retentirent de toutes parts. Le Directoire seul ne partagea pas l'allégresse universelle : il y pouvait voir, non sans raison, une accusation indirecte contre sa faiblesse et son impuissance.

Les armées françaises avaient été vaincues au dehors ; au dedans, le mécontentement était partout, et partout le désordre. Il s'était fait au sein du gouvernement lui-même des modifications de personnes qui, malgré les expériences successives, y maintenaient la dissension. Rewbell, que le sort avait désigné pour sortir du Directoire, avait fait place à Sieyès, systématiquement opposé à la constitution de l'an III ; Treilhard avait succédé

à François de Neufchâteau, et, bientôt destitué
par les Anciens, avait cédé ses fonctions à Gohier.
Enfin l'opposition du conseil avait décidé Merlin
de Douai et Laréveillère-Lepaux à donner leur
démission ; ils étaient remplacés par Roger-
Ducos, ancien girondin, et par le général Moulins. Il ne restait donc de l'ancien Directoire que
Barras.

L'entrevue de Bonaparte avec les Directeurs au
Luxembourg fut, de part et d'autre, froide et
pleine de méfiance. Du reste, comme à son retour
d'Italie, il se déroba à la curiosité publique ; les
ministres voulurent lui donner des fêtes, il les
refusa. Forcé de recevoir un dîner d'apparat que
lui donnèrent les deux conseils dans l'église de
Saint-Sulpice, il n'y resta pas plus d'une heure,
se leva le premier, fit le tour des tables en adressant quelques mots flatteurs aux représentants
les plus renommés, et se retira. Toujours vêtu
de l'uniforme de membre de l'Institut, il ne se
montrait en public qu'avec cette société, n'ad-
mettait chez lui que quelques savants, son frère
Lucien Bonaparte, un des orateurs les plus in-
fluents des Cinq-Cents, et plusieurs amis. Ne faisant d'avances à personne, il en recevait de tout
le monde.

Sieyès était celui des Directeurs qui montrait
le plus de réserve. Ils s'étaient rencontrés chez
Gohier, sans se dire un mot, sans se regarder.
« Avez-vous remarqué, dit Sieyès à Gohier, la
conduite de ce petit insolent envers le membre
d'une autorité qui eût pu le faire fusiller ? » Des
amis communs s'interposèrent ; un rapprochement
eut lieu. « Avez-vous pu croire, dit Bonaparte à

Sieyès, que je marcherais sans un homme comme vous, nécessaire à une organisation sociale ? » Sieyès fut subjugué par ce compliment qui flattait sa vanité de publiciste, et dès lors son concours fut certain.

Bonaparte et Sieyès intimidèrent Roger-Ducos, homme faible et médiocrement partisan de la constitution directoriale. Barras, qui était surtout ami du plaisir, fut séduit par leurs promesses ; on gagna la majorité des Anciens, dont le président était alors Lemercier. Tout fut tenu si secret, que la minorité du Directoire, composée de Gohier et de Moulins, fut prise à l'improviste. L'opinion publique était complice de tout changement de gouvernement ; on ne voulait plus d'une autorité divisée entre cinq membres, et impuissante contre les ennemis du dedans et du dehors. Bonaparte, appuyé par l'armée, par la nation, par trois des Directeurs et par le conseil des Anciens, résolut d'agir avec vigueur.

Le 18 brumaire (9 novembre 1799), à six heures du matin, généraux et officiers reçurent l'invitation de se rendre chez lui. Trois régiments de cavalerie furent également avertis de se trouver aux Champs-Elysées, pour que le général les passât en revue. En même temps, le conseil des Anciens était convoqué extraordinairement à sept heures du matin. Beaucoup de membres étaient partisans d'une révolution ; ils occupèrent aussitôt la tribune. « Vous n'avez qu'un moment pour sauver la France, dit l'un d'eux ; si vous le laissez échapper, la patrie ne sera plus qu'un cadavre que les vautours se disputeront entre eux. » Un autre proposa un décret que le président,

5

sans écouter les observations, s'empressa de
mettre aux voix, et qu'une immense majorité
adopta. Le corps législatif devait être transféré
dans le palais de Saint-Cloud ; les troupes et les
gardes nationales de la 17ᵉ division militaire, ainsi
que la garde du corps législatif, étaient mises
sous les ordres de Bonaparte ; notification de ces
résolutions devait être faite au conseil des Cinq-
Cents, et par des courriers extraordinaires, à
toute la république.

Un messager d'Etat porta le décret à Bonaparte.
Celui-ci, qui n'attendait que cette pièce pour agir,
entraîna les officiers qui se pressaient autour de
lui. Lefebvre seul restait immobile. « Général Lefebvre, lui dit-il, vous êtes une des colonnes de la
république : je veux la sauver aujourd'hui avec
vous, et la délivrer des avocats qui perdent notre
belle France. — Les avocats ! répondit Lefebvre ;
oui, vous avez raison ; il faut les chasser, vous
pouvez compter sur moi. »

Suivi des généraux et des officiers, rejoint sur
le boulevard par 1,500 chevaux qu'il y avait appelés des Champs-Elysées, Bonaparte arriva aux
Tuileries. Admis dans la salle des séances du
conseil des Anciens avec son état-major, il parut
à la barre et dit : « Citoyens représentants, la
république périssait ; vous l'avez su, et votre décret vient de la sauver. Malheur à ceux qui voudraient le trouble et le désordre ! Je les arrêterai,
aidé des généraux Berthier et Lefebvre, et de tous
mes compagnons d'armes.... Nous voulons une république fondée sur la vraie liberté, sur la repré-
sentation nationale ; nous l'aurons.... Je le jure en
mon nom et en celui de mes compagnons d'armes !

— Je le jure! répétèrent tous les officiers. — Général, répondit le président, le conseil des Anciens reçoit vos serments ; il ne forme aucun doute sur leur sincérité et votre zèle à les remplir. Celui qui ne promit jamais en vain des victoires à la patrie ne peut qu'exécuter avec dévouement les nouveaux engagements de la servir et de lui rester fidèle. »

Bonaparte distribua ensuite les différents commandements à ses généraux, et adressa deux proclamations à la garde nationale de Paris et aux soldats de la garnison. On y remarquait ces paroles : « Depuis deux ans, la république est mal gouvernée. Vous avez espéré que mon retour mettrait un terme à tant de maux ; vous l'avez célébré avec une union qui m'impose des obligations que je remplis ; vous remplirez les vôtres, et vous seconderez votre général avec l'énergie, la fermeté et la confiance que j'ai toujours vues en vous. La liberté, la victoire et la paix replaceront la république française au rang qu'elle occupait en Europe, et que l'ineptie et la trahison ont pu seules lui faire perdre. Vive la république. »

Au moment où il sortait des Tuileries, il éclata contre le Directoire ; le secrétaire de Barras s'étant approché de lui et lui ayant dit quelques mots à voix basse : « Annoncez à votre Barras, s'écriat-il, que je ne veux plus entendre parler de lui. » Puis, l'apostrophant comme s'il représentait tout le Directoire : « Qu'avez-vous fait de cette France que je vous ai laissée si florissante? Je vous ai laissé la paix, et je retrouve la guerre ; je vous ai laissé des victoires, et je retrouve des revers ; je vous ai laissé les millions de l'Italie, et je ne trouve plus que des exactions et la misère ! Où sont les 100,000 Français que j'ai connus, tous mes compagnons de gloire? Ils sont morts ! »

Fouché, ministre de la police, vint alors l'avertir qu'il avait ordonné de fermer les barrières de Paris, et d'arrêter le départ des courriers et des diligences.

Comme il goûtait peu les moyens révolutionnaires, il blâma cet excès de zèle et fit donner contre-ordre. « Vous voyez, dit-il, par l'affluence des citoyens et des braves qui m'environnent, que je n'agis qu'avec la nation et pour la nation. Je saurai faire respecter le décret du conseil et assurer la tranquillité publique. »

Pendant ce temps, Barras envoyait sa démission ; Sieyès et Roger-Ducos étaient avec Bonaparte ; Gohier et Moulins restaient seuls, sans relations avec les conseils, sans action sur la force armée. Il n'y avait plus de Directoire ; il fallut donc le remplacer. Dans une réunion qui se fit aux Tuileries pour arrêter les mesures à prendre dans la journée du lendemain, Bonaparte s'en expliqua clairement.

« Ce n'est pas, dit-il, sur les bases d'un édifice tombé en ruines qu'il faut rebâtir : qui dit révolution dit changement, et la France n'attend pas de nous une simple révolution de sérail. C'est dans les institutions mêmes que le changement doit s'opérer. On doit pour cela commencer par nommer un gouvernement provisoire, et mettre à la tête un homme qui ait la confiance de tous les Français. Une sorte de dictature momentanée

serait tout ce qu'il y aurait de plus convenable ;
mais si cette haute magistrature peut inquiéter
quelques républicains, il faut du moins concentrer le pouvoir exécutif et augmenter ses attribu-
tions. »

La difficulté était de faire accepter le changement de gouvernement au conseil des Cinq-Cents,
qui devait, le lendemain, d'après le décret des
Anciens, se transporter à Saint-Cloud. « Je ré-
ponds de Paris, disait Fouché ; mais qu'il prenne
garde à Saint-Cloud ; qu'il ne leur donne pas le
temps de se reconnaître ; s'il les laisse délibérer,
la toge peut l'emporter sur les armes. »

Le lendemain, 19 brumaire (10 novembre 1799),
à midi, tout le monde était arrivé à Saint-Cloud.
La galerie de Mars était destinée au conseil des
Anciens ; l'Orangerie, à celui des Cinq-Cents.
Dans les deux assemblées, les passions étaient
animées. Les Cinq-Cents criaient déjà : « Vive la
constitution ! à bas le dictateur ! à bas Cromwell ! »
Bonaparte se souvint des avertissements de
Fouché. Malgré tout son désir de rester dans
la légalité, il résolut d'aller ranimer ses adhé-
rents par sa présence. Quoique sa seule intervention dans une assemblée fût une violation de la
loi, il compta sur sa renommée pour se faire
pardonner, sur son ascendant pour se faire respecter.

Il entra d'abord dans la salle du conseil des
Anciens, où ses partisans étaient en plus grand
nombre.

« Représentants du peuple, dit-il, vous n'êtes
pas dans des circonstances ordinaires. Vous êtes

sur un volcan. Permettez-moi de vous parler avec la franchise d'un soldat.

« J'étais tranquille à Paris, lorsque je reçus le décret du conseil des Anciens ; il me parlait de ses dangers, de ceux de la république. A l'instant j'appelai, je retrouvai mes frères d'armes, et nous vînmes vous donner notre appui.... C'est la calomnie qui est notre récompense. On me compare à Cromwell, à César : si j'avais voulu usurper l'autorité suprême, l'occasion s'en est déjà plusieurs fois présentée à moi avant ce jour. Je vous le jure, représentants du peuple, la patrie n'a pas de plus zélé défenseur que moi! Nous sommes environnés de dangers et menacés d'une guerre civile : évitons de perdre ces deux choses pour lesquelles nous avons fait tant de sacrifices, la liberté et l'égalité. — Et la constitution ? s'écria un ardent républicain. — La constitution ! reprit avec force Bonaparte, vous sied-il de l'invoquer ? Vous l'avez violée au 18 fructidor ; vous l'avez violée au 22 floréal ; vous l'avez violée au 30 prairial. La constitution ! toutes les factions l'ont invoquée, et toutes l'ont méprisée tour à tour. C'est en son nom que vous avez exercé toutes les tyrannies : elle ne saurait être plus longtemps un moyen de salut. »

Restait à affronter le conseil des Cinq-Cents, où la résistance devait être bien autrement vive. Aussitôt que Bonaparte y parut, des cris s'élevèrent de toutes parts : « Des sabres ici! des hommes armés! à bas le dictateur! hors la loi le tyran! » Les soldats, croyant leur général en danger, s'élancèrent dans la salle, et le ramenèrent avec eux. Lucien essaya en vain, comme président, de calmer l'assemblée.

« Puisque je ne puis me faire entendre dans cette enceinte, s'écria-t-il alors, je dépose, avec un sentiment profond de dignité outragée, les insignes de la magistrature populaire. »

Il rejoignit son frère, et tous deux enflammèrent le courage des soldats.

« Puis-je compter sur vous ? leur demanda Bonaparte. — Oui ! oui ! répondirent-ils avec enthousiasme. Vive la république ! vive Bonaparte ! — Général, et vous, soldats, et vous tous, citoyens, reprend Lucien, vous ne reconnaîtrez pour législateurs de la France que ceux qui vont se rendre auprès de moi. Quant à ceux qui resteraient dans l'Orangerie, que la force les expulse. »

Le général fait un signe, les grenadiers envahissent la salle, et les députés se dispersent.

D'après le *Mémorial de Sainte-Hélène*, Napoléon parlait du 18 brumaire en ces termes :

« . . . . . Il est sûr que jamais plus grande révolution ne causa moins d'embarras, tant elle était désirée ; aussi se trouva-t-elle couverte des applaudissements universels.

« Pour mon propre compte, toute ma part dans le complot d'exécution se borna à réunir à une heure fixée la foule de mes visiteurs, et à marcher à leur tête pour saisir la puissance. Ce fut du seuil de ma porte, du haut de mon perron, et sans qu'ils en eussent été prévenus d'avance, que je les conduisis à cette conquête ; ce fut au milieu de leur brillant cortége, de leur vive allégresse, de leur ardeur unanime, que je me présentai à la barre des Anciens, pour les remercier de la dictature dont ils m'investissaient.

« On a discuté métaphysiquement, et on discutera longtemps encore, si nous ne violâmes pas les lois, si nous ne fûmes pas criminels ; mais ce sont autant d'abstractions bonnes tout au plus pour les livres et les tribunes, et qui doivent disparaître devant l'impérieuse nécessité ; autant vaudrait accuser de dégât le marin qui coupe ses mâts pour ne pas sombrer. Le fait est que la patrie, sans nous, était perdue, et que nous la sauvâmes. Aussi les auteurs, les grands auteurs de ce mémorable coup d'État, au lieu de dénégations et de justifications, doivent-ils, à l'exemple de ce Romain, se contenter de répondre avec fierté à leurs accusateurs : « Nous protestons que nous avons sauvé « notre pays, venez avec nous en rendre grâces « aux dieux. » Et certes, tous ceux qui, dans le temps, faisaient partie du tourbillon politique, ont pu d'autant moins se récrier avec justice, que tous convenaient qu'un changement était indispensable, que tous le voulaient, et que chacun cherchait à l'opérer de son côté. Je fis le mien à l'aide des modérés ; la fin subite de l'anarchie, le retour immédiat de l'ordre, de l'union, de la force, de la gloire, furent ses résultats. Ceux des Jacobins auraient-ils été supérieurs ? Il est permis de croire que non. Toutefois, il n'est pas moins très-naturel qu'ils en soient demeurés mécontents et en aient jeté les hauts cris. Aussi n'est-ce qu'à des temps plus éloignés, à des hommes plus désintéressés, qu'il appartient de prononcer sainement sur cette grande affaire. »

CHAPITRE VI.

—

Le Consulat.

A partir des 18 et 19 brumaire commence le Consulat, gouvernement nouveau qui devait être la transition entre le Directoire et l'Empire. L'assemblée des Cinq-Cents se reforma des membres appartenant au parti victorieux ; elle rendit un décret par lequel le Directoire était supprimé et le pouvoir exécutif confié à trois consuls provisoires : Bonaparte, Sieyès et Roger-Ducos. Deux commissions de vingt-cinq membres, prises, l'une dans le conseil des Cinq-Cents, l'autre dans celui des Anciens, étaient chargées de réviser la constitution ; le corps législatif était ajourné au 1er ventôse. Le conseil des Anciens, qui était resté en séance, adopta aussitôt ces mesures. Bonaparte et ses collègues vinrent prêter serment à la république, et les conseils se séparèrent.

Le lendemain, les consuls s'établirent dans le palais du Directoire, au Luxembourg. « Qui de nous présidera? dit Sieyès. — Vous voyez bien que c'est le général qui préside, » répliqua Roger-Ducos, en montrant le fauteuil déjà occupé. Sieyès, qui n'avait cherché dans Bonaparte qu'un *bras* pour exécuter la révolution dont il espérait rester la *tête*, vit alors qu'il s'était trompé, et il se résigna. « Messieurs, dit-il, à présent nous avons un maître. Il sait tout, il fait tout, et il peut tout. »

Bonaparte, en effet, déploya à cette époque une activité extraordinaire ; il rapporta plusieurs lois injustes du Directoire, forma le nouveau ministère, et s'occupa lui-même du département des finances et du ministère de la guerre. Mis en rapport avec les délégués des partis politiques qui avaient agité le pays sous le Directoire, il les reçut avec politesse, et même avec bienveillance ; mais il leur signifia qu'il voulait arrêter leurs hostilités.

En un mot, le nouveau gouvernement calmait ou dominait les partis, rétablissait le crédit et la richesse publique, et ramenait la paix intérieure qui devait rendre la France plus forte au dehors.

Après les mesures d'urgence, on s'occupa de la constitution. Bonaparte convoqua les commissions chez lui, au Luxembourg ; et quoique quelques représentants trouvassent ce procédé contraire à leur dignité, tous obéirent. Les discussions s'y firent en sa présence, et il y prit une part très-active, surtout quand il s'agit de combattre le projet de Sieyès, élaboré pourtant depuis si longtemps. Il s'emporta surtout contre la création d'un grand électeur nommant les hauts dignitaires de l'Etat, sans avoir lui-même aucune autre attribution. « Le grand électeur, dit-il, s'il s'en tient strictement aux fonctions que vous lui assignez, sera l'ombre, mais l'ombre décharnée, d'un roi fainéant. Connaissez-vous un homme d'un caractère assez vil pour se complaire dans une pareille singerie ? » Ces paroles étaient significatives ; il n'était pas disposé assurément à jouer un pareil rôle et à se démettre de cette dictature morale dont l'investissait déjà la France tout entière.

On adopta, à la place du système de Sieyès, la *constitution de l'an VIII*, promulguée le 24 décembre 1799. Elle établit un *Corps législatif*, composé de trois cents membres élus par le peuple, votant les lois, mais sans pouvoir les discuter.

Un deuxième conseil, le *Tribunat*, également électif, et formé de cent membres, nommait trois orateurs pour discuter les lois devant le corps législatif, contradictoirement avec l'orateur du gouvernement.

Un troisième conseil, appelé *Sénat conservateur*, composé de cinquante membres, se recrutant eux-mêmes, était chargé de veiller au maintien des lois et de nommer les membres du pouvoir exécutif.

Le pouvoir exécutif était confié à trois consuls, les deux premiers nommés pour dix ans, le troisième pour cinq.

Le premier consul avait une autorité supérieure ; il nommait aux fonctions administratives, aux grades de l'armée, aux premières places de la magistrature ; il faisait préparer les lois par le *Conseil d'Etat*, les faisait soutenir par des membres de ce conseil devant le corps législatif, et était chargé de leur promulgation.

Les trois consuls provisoires donnèrent leur démission. Sieyès et Ducos furent appelés au sénat ; et ce corps, qui avait été élu une première fois par les consuls provisoires, nomma immédiatement Bonaparte premier consul, en lui adjoignant, comme assesseurs, plutôt que comme collègues, Cambacérès et Lebrun. Le sénat nomma ensuite les trois cents citoyens qui devaient former le corps législatif, et, à son tour, le corps législatif nomma le tribunat. En quelques jours, l'organisation fut complète. Le sénat était installé au Luxembourg, le tribunat au Palais-Royal, le corps législatif au Palais-Bourbon ; la demeure des consuls avait été transférée aux Tuileries, où Joséphine, habituée déjà à régner dans les salons, tint une véritable cour.

Bonaparte dominait ses deux collègues. « On marche plus vite, quand on marche seul, disait-il à Bourrienne. Lebrun est un honnête homme, mais il n'y a pas de politique dans sa tête ; il fait des livres. Cambacérès a trop de traditions de la révolution. Il faut que mon gouvernement soit un gouvernement tout neuf. »

Ce fut un gouvernement de conciliation. Le rappel des déportés de tous les régimes calma les passions et les ressentiments. La guerre civile de Vendée fut enfin terminée par une capitulation honorable. Bonaparte avait adressé lui-même aux Vendéens des paroles de paix :

« Le gouvernement pardonnera ; il fera grâce au repentir : l'indulgence sera entière et absolue ;

mais il frappera quiconque, après cette déclaration, oserait encore résister.... Mais non, nous ne connaissons plus qu'un sentiment, l'amour de la patrie. »

Il était plus difficile de désarmer les puissances étrangères ; cependant, persuadé que la paix avec l'Europe serait le plus désirable triomphe, il commença par s'adresser à l'ennemi le plus intraitable, et, le 26 décembre, il écrivit directement au roi d'Angleterre :

« Appelé, Sire, par le vœu de la nation française à occuper la première magistrature de la république, je crois convenable, en entrant en charge, d'en faire directement part à Votre Majesté.

« La guerre qui, depuis huit ans, ravage les quatre parties du monde, doit-elle être éternelle? N'est-il donc aucun moyen de s'entendre?

« Comment les deux nations les plus éclairées de l'Europe, puissantes et fortes plus que ne l'exigent leur sûreté et leur indépendance, peuvent-elles sacrifier à des idées de vaine grandeur le bien du commerce, la prospérité intérieure, le bonheur des familles? Comment ne sentent-elles pas que la paix est le premier des besoins, comme la première des gloires?

« Ces sentiments ne peuvent pas être étrangers à Votre Majesté, qui gouverne une nation libre, et dans le seul but de la rendre heureuse.

« Votre Majesté ne verra dans cette ouverture que mon désir sincère de contribuer efficacement, pour la seconde fois, à la pacification générale, par une démarche prompte, toute de confiance et

dégagée de ces formes qui, nécessaires peut-être
pour déguiser la dépendance des États faibles, ne
décèlent, dans les États forts, que le désir mutuel
de se tromper. La France, l'Angleterre, par l'abus
de leurs forces, peuvent longtemps encore, pour
le malheur de tous les peuples, en retarder l'épui-
sement ; mais, j'ose le dire, le sort de toutes les
nations civilisées est attaché à la fin d'une guerre
qui embrase le monde entier. »

Le même jour, une lettre, écrite dans le même
but, était envoyée à l'empereur d'Allemagne :

« De retour en Europe, après dix-huit mois
d'absence, je retrouve la guerre allumée entre la
république française et Votre Majesté.

« La nation française m'appelle à occuper la
première magistrature.

« Étranger à tout sentiment de vaine gloire,
le premier de mes vœux est d'arrêter l'effusion du
sang qui va couler. Tout fait prévoir que, dans
la campagne prochaine, des armées nombreuses
et habilement dirigées tripleront le nombre des
victimes que la reprise des hostilités a déjà faites.
Le caractère connu de Votre Majesté ne me laisse
aucun doute sur le vœu de son cœur. Si ce vœu
est seul écouté, j'entrevois la possibilité de concilier les intérêts des deux nations.

« Dans les relations que j'ai eues précédemment
avec Votre Majesté, elle m'a témoigné personnelle-
ment quelque égard. Je la prie de voir, dans la
démarche que je fais, le désir d'y répondre, et de
la convaincre de plus en plus de la considération
toute particulière que j'ai pour elle. »

Ces deux lettres furent également infructueuses. Bonaparte, voyant que la guerre était inévitable, ne songea qu'à la pousser avec vigueur. Il forma en secret une armée dont on ne connaissait pas la destination, se mit tout à coup à sa tête, et, pendant que Moreau était envoyé sur les bords du Rhin, marcha en personne vers l'Italie. Il quittait Paris le 6 mai 1800 ; il était le 8 à Genève ; le 12, il passait en revue à Lausanne l'avant-garde commandée par Lannes ; le 15, le gros de l'armée était au village de Saint-Pierre. Là se dressaient les Alpes, qu'il était difficile de traverser avec les bagages et tout le matériel ; le passage commença à s'exécuter dans la nuit du 14 au 15 mai. Les munitions furent portées à dos de mulet, les soldats s'attelèrent aux pièces de canon. Au milieu des Alpes majestueuses et solitaires retentissait le bruit des tambours, des fanfares et des chants patriotiques. Au sommet des monts, les soldats épuisés reçurent des religieux de l'hospice du Saint-Bernard une généreuse hospitalité, et, après un peu de repos, se remirent gaîment en route. Mais la descente était plus difficile encore : les chevaux perdaient pied à chaque instant, et les hommes pouvaient à peine se tenir debout. On mit cinq jours à arriver dans la vallée. Là devaient recommencer les fatigues ; car tout à coup se présenta un défilé dominé par les feux du fort de Bard, obstacle plus sérieux encore que celui du grand Saint-Bernard. Pour franchir ce passage, les canonniers furent obligés de couvrir le chemin de terre et de fumier, d'envelopper de paille et d'étoupes les canons et les roues, et de les traîner dans le plus grand silence ;

plusieurs furent tués ou blessés, mais le reste passa.

Toute l'armée arrivait à Ivrée les 26 et 27 mai; le 2 juin, Bonaparte faisait son entrée à Milan. Les Autrichiens avaient fait courir le bruit qu'il était mort dans la mer Rouge, et que c'était un de ses frères qui commandait l'armée française. Les Milanais eurent bientôt reconnu leur *libérateur*, et ils l'accueillirent avec enthousiasme.

Son premier soin fut, comme ils l'espéraient, de rétablir la république Cisalpine; puis, sans perdre de temps, il marcha contre les ennemis consternés. Le 9 juin, Lannes, avec l'avant-garde, battit un corps autrichien à Montebello; le 14, le premier consul se trouva en présence de l'armée de Mélas, dans les plaines de Marengo. La bataille fut des plus acharnées, et le résultat longtemps incertain; un moment même, les divisions de Victor furent enveloppées et plièrent; Lannes, criblé par la mitraille de quatre-vingts bouches à feu, battit en retraite, et Mélas crut la partie gagnée. Mais Bonaparte ne se tenait pas pour battu; il était cinq heures. « C'est assez reculer, dit-il à ses braves soldats, en avant! Vous savez que je couche toujours sur le champ de bataille. » On s'élance; Desaix commence l'attaque et tombe frappé à mort. Ce malheur devint le signal de la victoire. Le premier choc fut irrésistible; les Impériaux se débandèrent et s'enfuirent; la nuit seule arrêta le carnage. Quatorze mille cadavres jonchaient la plaine.

Cette victoire chassa les Autrichiens de la Lombardie, et Gênes, où Masséna avait longtemps résisté à une horrible famine, fut délivrée.

Cette campagne de quarante jours tenait du prodige; l'Europe entière s'en émut.

Bonaparte, à son retour, traversa la France sous des arcs de triomphe, au milieu des acclamations populaires. Paris, suivant l'expression énergique d'un contemporain, se dressa tout entier sur son passage.

Pendant ce temps, Moreau battait l'archiduc Charles à Hœchstædt, à Neubourg, où périt le brave la Tour d'Auvergne, et remportait une dernière victoire sur l'archiduc Jean à Hohenlinden, près de Munich.

L'empereur François envoya alors à ses plénipotentiaires l'ordre de signer la paix de Lunéville. Les trois conditions du traité furent : 1° la confirmation du traité de Campo-Formio, et par conséquent la cession de la Belgique et de la rive gauche du Rhin à la France; 2° la renonciation de l'empereur au protectorat de la Confédération germanique; 3° la reconnaissance des républiques batave, helvétique, cisalpine et ligurienne.

A partir de ce moment, tout tendit vers une pacification générale. Le premier consul la désirait, comme nécessaire pour la réorganisation de la France. Il signa avec le roi de Naples, Ferdinand, le traité de Florence, qui rétablissait ce prince dans ses Etats, à condition qu'il céderait à la France l'île d'Elbe et la ville de Piombino. La Bavière, le Portugal demandèrent également la paix; le pape fut réintégré dans ses domaines. Le czar Paul Ier, grand admirateur de Bonaparte, avait depuis longtemps rappelé ses troupes et séparé entièrement sa cause de celle de l'Autriche et de l'Angleterre. Dans la nuit du 23 au 24 mai, il périt assassiné, et fut remplacé par son fils Alexandre. On craignit un instant que l'influence anglaise ne prévalût de nouveau à Saint-Pétersbourg ; cependant, le 8 octobre 1801, Alexandre signa un traité d'alliance avec la France. Bonaparte se réconcilia enfin avec la Porte, qui, depuis l'expédition d'Egypte, s'était jointe à la coalition. Les Français s'étaient maintenus en Egypte sous Kléber ; ils avaient même gagné la victoire d'Héliopolis ; mais, après l'assassinat du général, la faiblesse de Menou, son successeur, et l'arrivée des troupes anglaises les déterminèrent à abandonner leur conquête.

L'Angleterre se voyait délaissée de ses alliés. Georges Pitt venait d'être remplacé par Fox, admirateur des Français ; sous l'influence de ce nouveau ministre, le traité d'Amiens fut signé le 25 mai 1802. Les conditions principales étaient : 1° la liberté des mers, affranchies désormais de la domination des Anglais, qui s'arrogeaient le droit de visiter les vaisseaux ; 2° la restitution des conquêtes faites sur la France et ses alliés. Ainsi on rendait aux Hollandais le cap de Bonne-Espérance, aux Espagnols la Flandre, à la France les petites Antilles. L'île de Malte, que les Anglais avaient occupée après le départ de Bonaparte en 1798, devait être restituée aux anciens chevaliers, dont l'empereur de Russie devenait le grand maître.

La paix d'Amiens permit au premier consul de s'occuper des affaires de l'intérieur. Malgré ses victoires et l'enthousiasme qu'elles excitaient, il avait encore de nombreux ennemis. A son retour d'Italie après Marengo, d'obscurs complots avaient été formés contre sa vie. Il cherchait cependant à désarmer les partis par tous les moyens ; sa politique tendait à rapprocher les grandeurs du passé de celles du présent. Pendant que les dépouilles de Turenne étaient transportées du musée des Petits-Augustins aux Invalides, un monument était élevé à Kléber et à Desaix.

Malgré ses généreux efforts de conciliation, de nouveaux attentats se préparaient contre sa vie ; les conjurés avaient résolu, disait-on, de l'assassiner au théâtre. Une *machine infernale* était destinée à le faire sauter, lui et toute sa suite. Le 24 décembre 1800, lorsqu'il se rendit à l'Opéra, au milieu de la rue Saint-Nicaise, sa voiture rencontra une petite charrette et quelques hommes. Un grenadier de l'escorte, les prenant pour des porteurs d'eau, les écarta à coups de plat de sabre ; mais tout à coup une explosion se fit. La machine meurtrière consistait en un baril de poudre placé sur la charrette, à laquelle on l'avait fortement attaché, et chargé de balles que l'explosion devait lancer en tous sens. Vingt personnes furent tuées, cinquante-trois blessées ; le premier consul avait échappé, et il voulut se montrer au théâtre, où il sut cacher son trouble et rester maître de lui. Rentré aux Tuileries, il éclata, et s'emporta surtout contre les Jacobins, qu'il soupçonnait de ce crime.

Comme l'opinion publique se prononçait en faveur de tout ce qui pouvait fortifier le pouvoir et protéger l'existence du premier consul, on fut très-sévère ; sans même rechercher à quel parti appartenaient les conjurés, un sénatus-consulte prononça la déportation de 130 suspects, et le gouvernement présenta une loi qui établissait des tribunaux criminels spéciaux, partout où cela serait jugé nécessaire. Les auteurs des complots plus anciens furent, à la même époque, condamnés et exécutés pour la plupart. Quelque temps après, les vrais auteurs de la tentative de la rue Saint-Nicaise, partisans et créatures du général Cadoudal, furent découverts et eurent le même sort.

Cependant le premier consul continuait à s'occuper activement des travaux de la paix. Les finances, l'industrie, le commerce, les routes, les canaux, et, entre autres, celui de Saint-Quentin, destiné à lier la navigation de la Seine et de l'Oise avec celle de la Somme et de l'Escaut, l'occupaient tour à tour. On le voyait diriger les mouvements de l'industrie, présider aux travaux de la science, et inspirer les merveilles de l'art. Le décret du 4 mars 1801 institua l'exposition périodique des produits industriels de la France. Aspirant, par une noble ambition, à tous les genres de gloire, Bonaparte jetait les fondements du Code civil. Il mettait un terme aux persécutions religieuses, en signant avec le pape le concordat, le 15 juillet 1801; le 18 avril 1802, jour de Pâques, il assista avec ses généraux au *Te Deum* chanté dans l'église de Notre-Dame pour célébrer à la fois la paix d'Amiens et le rétablissement du culte. Ce fut alors que Chateaubriand, dans la deuxième édition du *Génie du Christianisme*, lui écrivit cette lettre :

« Vous avez bien voulu prendre sous votre

protection cette édition du *Génie du Christianisme ;* c'est un nouveau témoignage de la faveur que vous accordez à l'auguste cause qui triomphe à l'abri de votre puissance.... Continuez à tendre une main secourable à 30,000,000 de chrétiens, qui prient pour vous aux pieds des autels que vous leur avez rendus. »

La création de l'ordre de la Légion d'honneur date aussi de cette époque. Dans la discussion qui eut lieu à ce sujet, on put entendre le premier général du monde combattre vivement l'avis de ceux qui voulaient en faire un ordre exclusivement militaire.

« Le talent militaire, dit-il, est fondé sur des qualités civiles. Depuis la révolution produite par la découverte de la poudre à canon, qu'est-ce qui fait la force du général ? Les qualités civiles, le coup d'œil, le calcul, l'esprit, les connaissances administratives, l'éloquence, non pas celle du jurisconsulte, mais celle qui convient à la tête des armées, et enfin la connaissance des hommes ; tout cela est civil.

« Nous sommes 30,000,000 d'hommes réunis par les lumières, la propriété et le commerce. Trois ou quatre cent mille militaires ne sont rien auprès de cette masse. Outre que le général ne commande que par les qualités civiles, dès qu'il n'est plus en fonctions, il rentre dans l'ordre civil. Les soldats eux-mêmes ne sont que les enfants des citoyens. L'armée, c'est la nation. Je n'hésite donc pas à penser, en fait de prééminence, qu'elle appartient incontestablement au civil. Si l'on distinguait les honneurs en militaires et en civils, on établirait deux ordres, tandis qu'il n'y a qu'une nation. Si on ne décernait des honneurs qu'aux militaires, cela serait encore pire; car dès lors la nation ne serait rien. »

Le projet fut adopté au conseil d'État, mais non sans une vive opposition. En le présentant au corps législatif, Rœderer fit valoir en sa faveur des considérations morales. « C'est, dit-il, la création d'une nouvelle monnaie d'une bien autre valeur que celle qui sort du trésor public; d'une monnaie dont le titre est inaltérable, et dont la mine ne peut être épuisée, puisqu'elle réside dans l'honneur français; d'une monnaie qui peut seule être la récompense des actions regardées comme supérieures à toutes les récompenses. »

L'instruction publique fut réorganisée, et l'École française des beaux-arts à Rome remise en activité. Les artistes, de leur côté, rivalisaient entre eux pour rendre au premier consul les hommages qu'ils recevaient de lui. David, le peintre officiel, fit le portrait équestre du vainqueur de Marengo, franchissant le Saint-Bernard, *calme sur un cheval fougueux.* Le gouvernement de la république Cisalpine voulant obtenir du plus habile sculpteur du siècle la statue du plus grand capitaine, Canova fut mandé à Paris. Le premier consul déjeunait dans un grand salon qui précédait son appartement, et, durant le repas, l'artiste exécutait son œuvre.

Bonaparte était entouré d'hommages à Saint-Cloud, lieu des réceptions officielles, et à la Malmaison, réservée pour sa vie intime. La reconnaissance nationale lui réservait plus encore ; le tribunat ayant demandé en sa faveur la proroga-tion du consulat pour dix ans, le peuple alla plus loin, et le nomma à une grande majorité consul à vie.

Quand Barthélemy apporta le sénatus-consulte, le premier consul lui dit : « La vie d'un citoyen est à la patrie. Le peuple français veut que la mienne lui soit consacrée, j'obéis à sa volonté! En me donnant un nouveau gage, un gage perma-nent de sa confiance, il m'impose le devoir d'étayer le système de ses lois par des institutions pré-voyantes. Par mes efforts, par votre concours, par le concours de toutes les autorités, par la confiance et la volonté de cet immense peuple, la liberté, l'égalité, la prospérité de la France se-ront à l'abri des caprices du sort et de l'incer-titude de l'avenir. Le meilleur des peuples sera le plus heureux, comme il est le plus digne de l'être, et sa félicité contribuera à celle de l'Europe entière. »

L'opposition de quelques hommes, comme Mo-reau et Bernadotte, se perdit au milieu de l'en-traînement universel.

Le consulat, depuis la paix d'Amiens, semblait consacré tout entier à des institutions pacifiques. Cependant, à peine ce traité était-il signé, que le premier consul entreprit la funeste expédition de Saint-Domingue. Depuis 1798, cette île s'était affranchie de la domination des Français, et le nègre Toussaint Louverture s'était emparé du pouvoir. Une alliance avec les noirs eût été dans l'intérêt de la France, qui par là s'assurait une armée de 30,000 hommes pouvant tenter des entreprises sérieuses contre la Jamaïque, le Canada et les colonies espagnoles. Malheureusement, dans cette circonstance, on eut à se plaindre de Toussaint Louverture, qui avait, de sa propre autorité, proclamé une constitution. Une expédition fut résolue contre lui; 16,000 hommes partirent sous les ordres du général Leclerc; mais la fièvre jaune, les fatigues, la guerre des mornes moissonnèrent cette armée, dont les débris revinrent après avoir abandonné Saint-Domingue aux indigènes et à l'influence anglaise.

Le premier consul, commé pour compenser ce désastre, après avoir modifié les constitutions des républiques batave et ligurienne, se faisait nommer président de la république cisalpine, qui prenait le nom de république italienne. Il prenait possession de l'île d'Elbe et du Piémont, et les incorporait à la France; il faisait envahir les Etats de Parme, et 30,000 hommes soutenaient en Suisse le pacte fédéral. L'Angleterre trouva dans ces actes les prétextes qu'elle cherchait pour rompre le traité d'Amiens. Dès le mois de mars 1803, le discours de Georges III au parlement britannique annonça une nouvelle guerre. Cette rupture irrita Bonaparte, qui attachait un grand prix à la paix et regardait l'Angleterre et la France comme des alliées naturelles contre l'Orient.

« Il n'y a, disait-il à Fox, que deux nations, l'Orient et l'Occident. La France, l'Angleterre et l'Espagne ont les mêmes mœurs, la même religion, les mêmes idées à peu près; ce n'est qu'une famille. Ceux qui veulent les mettre en guerre veulent la guerre civile. »

La saisie de plusieurs bâtiments français de commerce, même avant la déclaration de guerre, mit le comble à sa colère.

Comme mesure de représailles, il déclara prisonniers de guerre tous les Anglais âgés de dix-huit à soixante ans qui se trouvaient en France.

De part et d'autre, on se prépara activement à commencer la lutte.

Le premier consul ordonna au général Mortier d'envahir le Hanovre, domaine particulier du roi d'Angleterre, et cette conquête fut achevée du 20 mai au 5 juillet. En même temps, Joachim Murat entrait à Naples et occupait toute la côte méridionale de l'Italie, pour la fortifier contre l'Angleterre. On fit de Tarente un arsenal maritime, et des garnisons furent établies à Gaëte et à Porto-Ferrajo (île d'Elbe). Gênes et Alexandrie devinrent le centre des opérations militaires pour l'Italie septentrionale.

Afin d'accélérer les armements, Bonaparte résolut de visiter le littoral de l'Océan depuis Boulogne jusqu'à Flessingue. Son passage à travers les départements du Nord fut une marche triomphale ; à Calais, Dunkerque, Lille, Ostende, Flessingue, Bruges, Gand, l'enthousiasme fut le même. Son génie lui révéla du premier coup d'œil les grands avantages de la situation d'Anvers, de sa position centrale entre le Nord et le Midi, de son fleuve magnifique et profond. Lorsqu'il donna audience aux autorités civiles, il leur dit : « J'ai parcouru votre ville ; je n'y ai trouvé que des décombres et des ruines. Elle ressemble à peine à une ville européenne, et j'ai cru me trouver ce matin dans une ville d'Afrique. Tout y est à faire, port, quai, bassin d'échouage.... » Et il donna aussitôt des ordres. A Bruxelles, un arc de triomphe l'attendait; on lui offrit à l'hôtel de ville le fauteuil de Charles-Quint ; dans les chantiers, des ouvriers travaillaient avec ardeur à neuf bâtiments, construits à l'aide de souscriptions volontaires.

Après une absence de quarante-huit jours, Bonaparte rentra à Saint-Cloud. Ce fut alors qu'une imprudence faillit lui coûter la vie. Il lui prit fantaisie de mener à grandes guides sa calèche attelée de quatre chevaux ; la voiture, lancée à toute vitesse, frappa la borne de la grille qui sépare le jardin du parc. Violemment jeté à terre, il demeura quelque temps sans connaissance. Rentré chez lui, il disait gaîment : « Je crois qu'il faut que chacun fasse son métier. »

Il était alors à l'apogée de sa gloire, et c'est à peine si, à travers le concert de louanges qui s'élevait autour de lui, pouvaient se faire entendre les murmures de quelques mécontents, et entre autres de Mme de Staël, qui reçut l'ordre de s'éloigner à quarante lieues de Paris. De nouveaux complots se formèrent contre sa vie, et on prétendit que les Anglais n'y étaient pas étrangers. Georges Cadoudal, qui s'était retiré à Nantes après l'explosion de la machine infernale, s'entendit avec Moreau, resté à Paris, et Pichegru, exilé à Londres. Il devait, avec Pichegru, attaquer et assassiner le premier consul, sur la route de Paris à Saint-Cloud. La conspiration fut découverte, Cadoudal exécuté, et Moreau exilé, bien que le premier consul eût cherché, par sa générosité, à lui épargner l'humiliation d'un procès. « Monsieur Reynier, avait-il dit au grand juge, avant tout interroga-

toire, voyez si Moreau veut me parler ; mettez-le
dans votre voiture et amenez-le-moi, que tout se
termine entre nous deux. » Tout fut inutile, et
Moreau ne voulut rien avouer. Quant à Pichegru,
il s'étrangla dans sa prison. Rattaché à ce complot, le duc d'Enghien, qui était à Ettenheim,
dans le pays de Bade, fut arraché de ce territoire
neutre, jugé par une commission militaire, et fu-
sillé dans les fossés de Vincennes. « J'ai fait arrêter et juger le duc d'Enghien, dit Napoléon dans
son testament, parce que cela était nécessaire à
la sûreté, à l'intérêt et à l'honneur du peuple français, lorsque le comte d'Artois entretenait, de son
aveu, soixante assassins à Paris. Dans une semblable circonstance j'agirais encore de même. »
Dans ses *Mémoires*, dictés à Sainte-Hélène, il
ajoute : « Si je n'avais pas eu pour moi, contre le
duc d'Enghien, les lois du pays, il me serait resté
les droits de la loi naturelle, ceux de la légitime
défense : lui et les siens n'avaient d'autre but journalier que de m'ôter la vie ; j'étais assailli de
toutes parts et à chaque instant ; c'étaient des fu-
sils à vent, des machines infernales, des complots,
des embûches de toute espèce. Je m'en lassai ; je
saisis l'occasion de leur renvoyer la terreur jusque
dans Londres, et cela me réussit.... »

Les Anglais, épouvantés en effet, se servirent
de la mort du duc d'Enghien pour former contre
le premier consul une coalition nouvelle. La cour
de Russie prit le deuil du prince, et l'Autriche
entama des négociations avec l'Angleterre. Mais,
à l'intérieur, la conspiration de Georges et de Pichegru eut un résultat que n'attendaient pas les
conspirateurs : le complot avorté donna une nou-

velle puissance à celui qu'il avait menacé. « Calmez
nos sollicitudes, disait-on au premier consul,
mettez un terme aux alarmes de la nation, assurez
la stabilité du pouvoir. » Le sénat, le conseil d'E-
tat, le tribunat se prononcèrent dans le même sens
à une grande majorité ; et lorsque le vote de l'empire fut soumis à la sanction populaire, il ne se
trouva que 2,569 suffrages négatifs sur 3,574,898
votants. Le sénatus-consulte organique qui décré-
tait le changement de constitution était en date
du 18 mai 1804. Il déférait le titre d'empereur au
premier consul, en établissant l'hérédité dans sa
famille.

La première occasion où se déployèrent les ma-
gnificences de l'empire, avec tous ses hauts dignitaires, ses grands officiers et ses maréchaux,
fut l'inauguration de l'institution de la Légion
d'honneur, le 15 juillet, dans l'église des Invalides.
Napoléon, conduit processionnellement sous un
dais au trône impérial, s'y assit, se couvrit comme
faisaient les anciens rois de France dans les lits
de justice, et, d'une voix forte et animée, prononça la formule du serment, en interpellant les
commandants, les officiers et les légionnaires.
Tous, debout, la main levée, s'écrièrent : « Je le
jure, » et à cette exclamation ils ajoutèrent celle
de « Vive l'empereur ! » A la fin de la messe, célébrée par le cardinal de Belloy, archevêque de
Paris, les décorations furent déposées au pied du
trône dans un bassin d'or, puis distribuées aux
soldats, aux généraux, aux magistrats, aux savants, aux administrateurs et aux artistes, confon-
dus tous dans une égalité glorieuse.

L'activité de Napoléon était infatigable. Voulant

se présenter au camp de Boulogne revêtu de sa nouvelle dignité, il alla distribuer lui-même aux soldats les décorations méritées par leur valeur. Sur un tertre carré de cent pieds d'étendue, qui dominait tout le terrain, on avait placé le trône impérial. Il y prit place, entouré d'un brillant cortége, prononça debout la formule du serment, et s'écria d'une voix forte : « Et vous, soldats, vous jurez de défendre au péril de votre vie l'honneur du nom français, votre patrie, votre empereur? — Nous le jurons, » s'écrièrent-ils tous, en élevant leurs bonnets et leurs chapeaux au bout des baïonnettes, et en criant : Vive l'empereur !

De Boulogne, Napoléon alla visiter les départements de la rive gauche du Rhin. A Aix-la-Chapelle il retrouva les souvenirs de Charlemagne, et on ne manqua pas de faire autour de lui les rapprochements qui pouvaient charmer le nouvel empereur d'Occident.

Des négociations étaient ouvertes avec Pie VII au sujet du couronnement. Le pape vint à Fontainebleau; il fut décidé que la cérémonie se ferait à Notre-Dame. Deux jours auparavant, le sénat présenta le dépouillement des votes du peuple en faveur de l'empire, et le président fit à cette occasion une longue harangue, à laquelle l'empereur répondit :

« Je monte au trône où m'ont appelé les vœux unanimes du sénat, du peuple et de l'armée, le cœur plein du sentiment des grandes destinées de ce peuple que, du milieu des camps, j'ai le premier salué du nom de grand. Depuis mon adoles-

cence, mes pensées tout entières lui sont dévolues ;
et je dois le dire ici, mes plaisirs et mes peines ne
se composent plus aujourd'hui que du bonheur ou
du malheur de mon peuple.

« Mes descendants conserveront longtemps ce
trône. Dans les camps, ils seront les premiers soldats de l'armée, sacrifiant leur vie pour la défense
de leur pays.

« Magistrats, ils ne perdront jamais de vue que
le mépris des lois et l'ébranlement de l'ordre so-
cial ne sont que le résultat de la faiblesse et de
l'incertitude des princes.

« Vous, sénateurs, dont les conseils et l'appui
ne m'ont jamais manqué dans les circonstances
les plus difficiles, votre esprit se transmettra à
vos successeurs. Soyez toujours les soutiens et les
premiers conseillers de ce trône si nécessaire au
bonheur de ce vaste empire. »

Le dimanche, 2 décembre, eut lieu la solennité
du couronnement. Lorsque Napoléon, revêtu des
ornements impériaux, se présenta avec l'impératrice au portail de la cathédrale, les cardinaux,
archevêques et évêques, vinrent les recevoir, et les
conduisirent sous un dais porté par des chanoines,
jusqu'à leurs trônes placés dans le sanctuaire.
Cinq maréchaux et un colonel général portaient
la couronne, le sceptre, l'épée de Charlemagne, le
collier, l'anneau de l'empereur et le globe impérial. La couronne ayant été bénite par le pape,
Napoléon la prit sur l'autel et la posa lui-même
sur son front ; puis il mit de ses mains le diadème
au front de l'impératrice.

CHAPITRE VII.

—

Empire jusqu'à la paix de Tilsitt.

Nommé consul, Bonaparte avait fait un appel à l'Angleterre pour obtenir une paix générale ; en parvenant à l'empire, il renouvela cette démarche, afin de prendre l'Europe à témoin de ses intentions pacifiques.

La réponse de l'Angleterre fut telle, que Napoléon ne put plus douter qu'il se formait sur le continent de nouvelles confédérations contre la France. La voyant donc attaquée de tous côtés, il voulut la fortifier encore. La république Cisalpine lui avait envoyé une députation pour lui offrir la couronne d'Italie ; il accepta ce nouveau titre. Après avoir célébré, le 5 mai, dans les plaines mêmes de Marengo, l'anniversaire de cette glorieuse bataille, il se rendit à Milan. La cérémonie du couronnement eut lieu le 26, et, ainsi qu'à Paris, il se couronna lui-même en prenant sur l'autel la couronne de fer. *Dieu me la donne*, dit-il à haute voix, *gare à qui la touche!* Puis il créa l'ordre de la Couronne de fer, avec ces mots pour devise, afin que toutes les institutions de l'empire français trouvassent dans le nouveau royaume des institutions correspondantes. Son beau-fils, Eugène Beauharnais, fut nommé vice-roi d'Italie.

En même temps, la république ligurienne et le Piémont furent incorporés à la France. Plaisance et la Toscane formèrent le royaume d'Étrurie, et furent donnés au duc de Plaisance, le seul prince de la maison de Bourbon qui ait été constamment épargné. Enfin, les Etats pontificaux, amoindris par les traités antérieurs, et le royaume de Naples, étaient dans la dépendance de Napoléon. Par ses conseils, Charles IV, roi d'Espagne, déclarait la guerre à l'Angleterre, et une flotte se préparait à Cadix pour seconder l'amiral Villeneuve. Tout était prêt pour une descente sur les côtes britanniques, quand l'empereur de Russie déclara la guerre. L'Angleterre avait promis des subsides, et Alexandre s'engageait à mettre sur pied une armée d'environ 180,000 hommes. La Suède et l'Autriche accédèrent bientôt à la coalition.

A la nouvelle de l'invasion de l'archiduc Charles en Italie et de l'archiduc Jean en Bavière, Napoléon lève le camp de Boulogne, se rend à Paris, fait décréter par le sénat une levée de 80,000 hommes pour garder les côtes de France, et marche sur le Rhin. Masséna est envoyé en Italie contre l'archiduc Charles ; Napoléon lui-même passe le Rhin. Le général Mack, qui commandait une première armée autrichienne, est enveloppé à Donawerth, le 7 octobre ; il essuie une deuxième défaite, le 15, à Ulm, et 20,000 Autrichiens mettent bas les armes. La première armée des coalisés n'existait déjà plus.

De son côté, Masséna, après avoir chassé d'Italie l'archiduc Charles, franchissait les montagnes du Tyrol, et réunissait ses troupes à celles de Napoléon pour marcher contre la capitale de l'Autriche. L'empereur François II, chassé de Vienne, se retira à Olmultz en Moravie ; les Russes, commandés par Alexandre en personne, vinrent l'y rejoindre, et le 2 décembre 1805, se livra dans les plaines d'Austerlitz la *bataille des trois empereurs,* « véritable combat de géants. » Les alliés présentaient en ligne 100,000 combattants ; Napoléon n'en avait que 70,000 ; mais il reconnut d'un coup d'œil la faute qu'ils avaient faite en concentrant leurs forces sur le village d'Austerlitz pour tourner la droite des Français, et s'écria : « Avant demain soir, cette armée est à moi. — Soldats, avait-il dit à ses vieux grenadiers, il faut finir cette campagne par un coup de tonnerre qui confonde l'orgueil de nos ennemis. »

Au lever d'un beau soleil, ce soleil d'Austerlitz que l'empereur rappela tant de fois au souvenir de ses soldats, le combat commença. Les Russes résistèrent longtemps ; mais la garde impériale, et surtout la cavalerie commandée par Murat, les jetèrent dans un étang glacé, où la plupart trouvèrent la mort.

Deux jours après, le ministre de Prusse vint féliciter le vainqueur et protester de l'amitié de la

6.

Prusse. « Voilà, dit Napoléon en riant, un compliment dont la fortune a changé l'adresse. »

Bientôt François II vint lui-même implorer la paix. Napoléon alla au-devant de lui, l'embrassa, et, le menant au feu de son bivouac : « Je vous reçois, dit-il, dans le seul palais que j'habite depuis deux mois. — Vous tirez si bon parti de cette habitation, répondit le monarque autrichien, qu'elle doit vous plaire. »

Il ne se contenta pas d'implorer pour lui-même, il sollicita aussi un armistice pour les débris de l'armée russe. C'était demander une véritable faveur ; car les Russes étaient cernés, et pas un homme ne pouvait échapper. Napoléon en fit la remarque. « Mais, ajouta-t-il, je désire faire une chose agréable à l'empereur Alexandre ; je laisserai passer l'armée russe ; j'arrêterai la marche de mes colonnes ; Votre Majesté me promet que l'armée russe retournera en Russie, évacuera l'Allemagne et la Pologne autrichienne et prussienne ? — C'est l'intention de l'empereur Alexandre, répondit François II, je puis vous l'assurer. »

Du reste, Napoléon fut plein de politesse et d'empressement, ainsi qu'il convenait à un vainqueur généreux ; il reconduisit l'empereur d'Allemagne à sa voiture, et il lui dit, au moment de le quitter : « Votre Majesté me promet de ne plus me faire la guerre ? — Oui, je vous le jure, répondit-il, et je tiendrai ma parole. »

Napoléon, cependant, avait la conscience des torts où l'entraînait sa condescendance. « Cet homme, dit-il après l'entrevue, me fait faire une faute ; car j'aurais pu suivre ma victoire et prendre toute .l'armée russe et autrichienne ; mais enfin, quelques larmes de moins seront versées. »

Le 26 décembre, fut signé à Presbourg un traité définitif entre la France et l'Autriche. Napoléon, reconnu roi d'Italie, faisait ajouter à sa nouvelle couronne les États vénitiens et la Dalmatie. L'électeur de Bavière recevait, pour récompense de sa fidélité à la France, le Tyrol et le Vorarlberg, avec le titre de roi. Le Wurtemberg était aussi érigé en royaume, et son territoire agrandi. Le margrave de Bade prenait le titre de grand-duc. Ainsi finit cette coalition, qui s'était proposé de refouler la France dans ses anciennes limites, et qui amena un démembrement de l'Autriche. La France n'obtenait pour elle-même aucun accroissement de territoire ; ses alliés seuls profitaient de ses triomphes.

Pendant cette campagne, les Anglais eurent aussi leur jour de bonheur et de gloire. Ils avaient attaqué l'amiral Villeneuve, qui commandait les flottes combinées de France et d'Espagne, le 21 octobre 1805, à la hauteur de Trafalgar. Nelson, leur amiral, remporta la victoire, mais il fut tué ; Villeneuve, désespéré de sa défaite, se donna la mort. La supériorité des Anglais sur mer n'était plus douteuse, et Napoléon l'avoua lui-même. Denon lui présentait un jour une série de médailles destinées à perpétuer les souvenirs d'Austerlitz, et la première représentait l'aigle française étouffant dans ses serres le léopard britannique ; il la rejeta brusquement. « Comment osez-vous dire, s'écria-t-il, que l'aigle étouffe le léopard ? Je ne puis mettre à la mer un seul petit bateau pêcheur, sans que les Anglais s'en emparent. Faites fondre tout de suite cette médaille, et ne m'en présentez jamais de pareille. »

Et pourtant les hommages dont il était alors entouré étaient bien faits pour aveugler tout autre que lui. A son retour en France, il fut accueilli avec transport. Le pont du jardin des Plantes, ouvert au public le 1er janvier 1806, reçut et conserva le nom de *pont d'Austerlitz*. Les canons russes et autrichiens servirent à la construction de la colonne de la place Vendôme, magnifique trophée offert à la capitale par les soldats de la grande armée. Le sénat, le corps législatif, le tribunat rivalisèrent d'éloges. Le faubourg Saint-Germain faisait seul de l'opposition. A la tête des salons étaient Mmes de Chevreuse, d'Aveaux et Récamier, qui furent éloignées de Paris, à l'exception de Mme de Chevreuse, que Mme de Luynes, sa belle-mère, fit rayer de la liste et même nommer dame du palais de l'impératrice, au grand scandale de ses nobles amies.

Au milieu des fêtes, Napoléon ne cessait de songer aux affaires de l'intérieur. Lois de finances, lois de douanes, règlements sur l'instruction publique, sur les théâtres, sur les écoles d'arts et métiers, sur la police, sur l'administration municipale, travaux publics, routes, ponts, navigation, ports, constructions navales, fortifications, il s'occupait de tout et suffisait à tout. Les affaires extérieures n'attiraient pas moins son attention. Dans la crainte d'une coalition nouvelle, il jugeait que rien n'était à négliger de ce qui pouvait fortifier son empire et donner de l'unité aux peuples qui l'appuyaient. Dans un ordre du jour adressé à ses soldats, il prononça l'arrêt des Bourbons de Naples, qui avaient violé la neutralité jurée. « La dynastie de Naples, dit-il, a cessé de régner. » Une armée d'environ 40,000 hommes fut chargée d'exécuter la sentence, et Joseph Bonaparte monta sur le trône qu'elle lui avait conquis.

En même temps se formait le premier anneau de la chaîne qui devait unir la dynastie napoléonienne aux anciennes dynasties de l'Europe. Eugène Beauharnais était donné pour époux à la princesse Auguste-Amélie, fille aînée du roi de Bavière. Louis Bonaparte recevait la couronne de Hollande, et, en la lui remettant, l'empereur lui disait : « Ne cessez jamais d'être Français. » Ces paroles contenaient toute sa pensée politique : il voulait conserver à la France sa suprématie, et la consolider par un grand système fédératif qui assurerait le concours efficace des royaumes conquis et des rois nouvellement couronnés. Ramenées à l'état de grandes nations, l'Italie, l'Espagne et l'Allemagne, appuyées par la France et lui donnant leurs secours, formaient, dans le Centre et le Midi de l'Europe, un contre-poids aux nations du Nord.

Bien d'autres principautés furent créées à la même époque. Murat obtint en toute souveraineté les duchés de Clèves et de Berg; Bernadotte fut investi de la principauté de Ponte-Corvo; Talleyrand, de la principauté de Bénévent; Berthier, de la principauté de Neuchâtel. Un décret impérial érigea en duchés la Dalmatie, l'Istrie, le Frioul,

Cadore, Bellune, Conégliano, Trévise, Feltre,
Bassano, Vicence, Padoue et Rovigo. Six autres
grands fiefs de l'empire furent institués dans le
royaume de Naples et de Sicile, avec les mêmes
avantages et prérogatives dont jouissaient ceux des
anciennes provinces vénitiennes. La princesse
Pauline Borghèse, sœur de Napoléon, reçut le
duché de Guastalla ; Élisa, son autre sœur, possé-
dait la principauté de Lucques ; Stéphanie Beauharnais, nièce de Joséphine, épousa le prince
héréditaire de Bade.

Toujours préoccupé de son grand système fédératif, Napoléon se préparait aussi à remanier
la Suisse et l'Allemagne, pour les rendre,
comme l'Italie, dépendantes de la France. La
Suisse était toujours divisée en deux partis : le
parti aristocratique et le parti démocratique ; il
appela à Paris les chefs de ces deux partis, et,
avec leurs conseils, donna à la Suisse une constitution fédérative, dans laquelle les deux
nuances étaient habilement fondues. Il se déclara le protecteur de cette constitution, déta-
cha le Valais du reste de la confédération, et en
fit, sous son protectorat, une république particulière.

Pour ce qui concerne l'Allemagne, les rois de
Bavière et de Wurtemberg, l'électeur de Ratisbonne, archichancelier de l'empire germanique,
l'électeur de Bade, le duc de Berg et de Clèves,
le landgrave de Hesse-Darmstadt, les princes de
Nassau-Usingen et de Nassau-Weilburg, de Ho-
henzollern-Hechingen et de Hohenzollern-Sigma-
ringen, de Salm-Salm et Salm-Kyburg, d'Ysem-
burg-Birstein, de Lichtenstein, le duc d'Arem-

berg et le comte de la Leyen, séparèrent à
perpétuité leurs Etats du territoire de l'empire
germanique, et s'unirent entre eux par une confédération particulière, sous le nom d'*Etats con-
fédérés du Rhin*. Les intérêts communs de la Confédération devaient être traités dans une diète
générale à Francfort, sous la présidence de l'é-
lecteur archichancelier, qui prenait le titre de
prince-primat et choisissait pour coadjuteur le
cardinal Fesch, oncle de Napoléon. Napoléon
lui-même était proclamé protecteur de la Confédération, et, au décès du prince-primat, il nommait son successeur. Chaque confédéré s'engageait à fournir un contingent en cas de guerre.
Les princes allemands annoncèrent cette scission à
la diète de Ratisbonne; l'empereur déclara aussi à
la diète qu'il ne reconnaissait plus l'existence de
la constitution germanique. Impuissant et vaincu,
François II se résigna; il renonça, par une déclaration solennelle, au titre et aux fonctions d'empereur d'Allemagne, incorpora ses provinces
allemandes à ses Etats autrichiens, et commença,
sous le nom de François Ier, la série des empereurs
d'Autriche.

Les puissances européennes virent avec effroi
le surcroît d'influence que donnait à Napoléon la
Confédération du Rhin. La Prusse, la première,
déclara la guerre; elle y fut entraînée surtout
par le jeune prince Louis de Prusse, tout fier de
ses forces corporelles et de ses qualités gymnas-
tiques, et peut-être plus encore par la reine Wil-
helmine. Celle-ci, habillée en amazone, avec
l'uniforme de son régiment de dragons, passait
des revues et parcourait à cheval les rangs des

soldats, les excitant à combattre et leur rappelant les exploits des soldats du grand Frédéric.
La jeunesse, transportée d'enthousiasme et
d'ardeur, courut aux armes avec une folle confiance.

Napoléon reçut à Bamberg l'ultimatum de la
Prusse, auquel il devait répondre dès le lendemain.
« Maréchal, dit-il à Berthier, on nous donne un
rendez-vous d'honneur ; jamais un Français n'y a
manqué ; mais il y a, dit-on, une belle reine qui
veut être témoin des combats ; soyons courtois, et
marchons sans nous coucher vers la Saxe. »

Le 14 octobre, après une première victoire de
l'armée française à Saalfeld, où le prince Louis de
Prusse perdit la vie, il arrivait à Iéna. Là encore,
rien ne put soutenir le choc des régiments français.
En même temps, sur la droite, le corps du maréchal Davoust faisait des prodiges à Auerstaedt ; il
rendit ainsi complète et décisive la victoire d'Iéna,
qui coûta au roi de Prusse environ 20,000 hommes
tués ou blessés, 30,000 prisonniers, quarante-cinq
drapeaux, trois cents pièces de canon, et des magasins immenses de subsistances.

Toute la Saxe fut conquise ; en traversant le
champ de bataille de Rosbach, Napoléon fit abattre
en sa présence la colonne élevée par le grand Frédéric en mémoire de la défaite des Français, le
5 novembre 1757, et, changeant en trophée ce
monument d'un ancien désastre, ordonna qu'elle
fût transportée à Paris.

Arrivé à Postdam, il parcourut tous les lieux
qui rappelaient le grand Frédéric, visita son palais, son tombeau, sa chambre encore tendue et
meublée, telle qu'elle l'était à sa mort. Examinant

les insignes de ce grand capitaine, que la cour, dans sa fuite, n'avait pas pris le temps d'emporter, le cordon de l'Aigle-Noir, la ceinture de général, le hausse-col et l'épée : « J'aime mieux cela, dit-il, que 20 millions. J'en veux faire présent à l'hôtel des Invalides ; les vieux soldats de la guerre de Hanovre accueilleront avec un respect religieux tout ce qui appartient à l'un des premiers capitaines dont l'histoire conservera le souvenir. »

Pour récompenser les soldats de Davoust, il décida qu'en souvenir des beaux faits d'Auerstaedt, ils entreraient les premiers à Berlin. Davoust parut donc, le 25, aux portes de la capitale, mais il ne voulut pas en recevoir les clefs. Cet hommage, disait-il, n'était dû qu'à l'empereur, qui arriva deux jours après. Napoléon alla descendre au palais ; il y trouva la princesse héréditaire de Hesse-Cassel, sœur du roi, qui n'avait pu fuir avec sa famille. Il chargea le grand écuyer de la voir et de la rassurer, et, pour lui fournir tout ce qui était convenable à son rang, lui fit remettre une somme de 100,000 fr.

Il s'occupa ensuite de l'administration intérieure, et voulut surtout que l'ordre ne fût pas troublé : « J'entends, dit-il aux magistrats, qu'on ne casse les fenêtres de personne. »

Il apprit, sur ces entrefaites, la capitulation de la forte ville de Stettin, que le général Lasalle, à la tête de quelques escadrons, avait forcée de se rendre. Il écrivit à ce propos à Murat : « Puisque vous prenez les places fortes avec votre cavalerie, je pourrai congédier le génie et faire fondre mes grosses pièces. »

Non moins grand après la victoire que pendant

le combat, il signala les premiers moments de son séjour à Berlin par un acte de clémence. Le prince de Hatzfeld, un des plus ardents instigateurs de la guerre autrefois, se montrait maintenant un des plus empressés à venir au-devant du vainqueur ; mais ce changement cachait une trahison. Une lettre de lui fut surprise, adressée au roi de Prusse, qu'elle informait de tout ce qui s'était passé depuis son départ. « C'est infâme ! s'écria Napoléon, lorsqu'il apprit ces menées. Qu'un homme fasse tout ce qu'il croit profitable au salut de son pays, personne ne peut le blâmer ; mais aller baiser la main du vainqueur pour mieux le trahir, c'est une indigne perfidie, un vil espionnage qui ne peut rester impuni. »

Aussi, lorsqu'il vit le prince à la tête du corps municipal, il l'apostropha d'une voix éclatante : « Ne vous présentez pas devant moi ; je n'ai pas besoin de vos services. Retirez-vous dans vos terres. » Mais l'exil lui paraissant une peine trop douce, il ordonna de le traduire comme espion devant une commission militaire. Mme de Hatzfeld, éplorée, accourut et se jeta à ses pieds ; il l'accueillit avec bonté, et lui-même racontait ainsi le résultat de cette entrevue dans une lettre adressée à l'impératrice :

« Lorsque je lui montrai la lettre de son mari, elle me dit en sanglotant, avec une profonde sensibilité et naïvement : *Ah ! c'est bien là son écriture.* Lorsqu'elle lisait, son accent allait à l'âme, elle me fit peine. Je lui dis : « Eh bien ! madame, jetez « cette lettre au feu ; je ne serai plus assez puis- « sant pour faire condamner votre mari. » Elle brûla la lettre et me parut heureuse. Son mari est depuis fort tranquille ; deux heures plus tard il était perdu. »

C'est de Berlin que fut daté le mémorable décret sur le blocus continental. L'Angleterre fermait tous les ports des puissances ennemies, et, saisissant leurs navires marchands aussi bien que leurs navires de guerre, favorisait ainsi son commerce au détriment du leur. A cet accaparement universel, Napoléon répondit par une exclusion générale ; il défendait toute relation amicale et même tout rapport de commerce avec les îles Britanniques, qui étaient déclarées à leur tour en état de blocus. C'était assurément une grande idée que de refouler ainsi dans son île cette puissance qui voulait attirer vers elle tout le commerce du globe ; mais cette mesure n'en provoqua pas moins un grand mécontentement parmi les négociants français, auxquels elle imposait le sacrifice momentané de leurs intérêts. Napoléon n'était pas compris : il le sentit plus tard. « Je me suis, dit-il, trouvé seul de mon avis. Sur le continent, il m'a fallu, pour l'instant, employer partout la violence. Si je n'eusse succombé, j'aurais changé la face du commerce aussi bien que la route de l'industrie. J'avais naturalisé au milieu de nous le sucre, l'indigo ; j'aurais naturalisé le coton et bien d'autres choses encore. On m'eût vu déplacer les colonies, si l'on se fût obstiné à ne pas nous en donner une portion. » Aux plaintes des commerçants français se joignait aussi, dès cette époque, parmi les hauts fonctionnaires, un commencement d'opposition. Dans une adresse de félicitations envoyée à Berlin, le sénat insinuait que la France désirait la paix, et que l'empereur satisferait le vœu national en ne passant point l'Oder.

L'armée seule ne murmurait pas. On espérait alors que Napoléon relèverait la Pologne de ses ruines ; à son arrivée à Posen, la population le fit passer sous quatre arcs de triomphe, dont l'un portait pour inscription : *Au libérateur de la Pologne!* A Varsovie, les fêtes en son honneur se succédèrent, et, au milieu de ses graves occupations, il trouvait le temps d'y assister. Cependant il répondit à toutes les demandes qui lui étaient faites par des assurances de sympathie, sans plus s'engager, et partit au commencement de 1807 pour Kœnigsberg, seule place qui restât au roi de Prusse.

Les Prussiens, soutenus par la Russie, livrèrent, le 7 février, la bataille d'Eylau, à peu de distance de Kœnigsberg. Malgré la résistance opiniâtre qu'opposèrent les Russes, malgré les tourbillons de neige qui ralentirent l'impétuosité des soldats, la victoire se déclara en faveur des Français, qui restèrent maîtres du champ de bataille. Les pertes, de part et d'autre, furent énormes ; du côté des Russes, 5 à 6,000 morts et 20,000 blessés ; du côté des Français, 2,000 morts et 15 à 16,000 blessés.

La Prusse, vaincue et affaiblie, fit des ouvertures de paix ; l'Autriche offrit sa médiation ; mais la Russie et l'Angleterre ayant refusé, la guerre continua. Les Anglais franchissent le détroit des Dardanelles ; ils sont repoussés par Sébastiani, ambassadeur français à Constantinople ; ils tentent de s'emparer de l'Egypte, et ne sont pas plus heureux. Napoléon, de son côté, recevait à son quartier général les ambassadeurs de Perse et de Turquie, et s'emparait de Dantzick. Enfin, le 14 juin, une bataille livrée à Friedland fut beaucoup plus décisive que celle d'Eylau ; l'armée russe fut battue, après avoir perdu 10,000 hommes.

Kœnigsberg tomba au pouvoir des Français, le 16 juin, et, le 19, Napoléon entra à Tilsitt, sur le Niémen. L'empereur Alexandre lui demanda alors une entrevue, qui eut lieu sur le fleuve même, dont les rives étaient occupées par les deux armées. Là fut signé, le 8 juillet, le traité de Tilsitt, qui démembrait la Prusse : la principauté de Ravensberg et toute la Westphalie, qu'on lui enlevait, devaient former un royaume particulier ; le roi de Saxe obtenait le duché de Varsovie. Napoléon complétait ainsi son système relativement à l'Allemagne. De même qu'il avait opposé à l'Autriche deux royaumes, la Bavière et le Wurtemberg, et un grand-duché, celui de Bade, il opposa à la Prusse deux royaumes et un grand-duché : le royaume de Saxe, agrandi du duché de Varsovie ; le royaume de Westphalie, qu'il donna à son frère Jérôme, et qui se composait de la Westphalie proprement dite, du duché de Hesse-Cassel, du Brunswick, de la principauté de Fulde et d'une partie du Hanovre ; enfin, le grand-duché de Clèves-Berg, donné à Joachim Murat.

Quant à la Russie, on lui facilitait l'acquisition de la Finlande ; on lui ouvrait les Etats de la Turquie, et on prenait l'engagement de ne pas rétablir le royaume de Pologne.

A Paris, la nouvelle de la paix excita le plus vif

enthousiasme, et Napoléon, de retour à Saint-Cloud, reçut tous les grands corps de l'Etat, qui lui prodiguèrent les adresses et les félicitations. Son autorité était si bien reconnue de tous, qu'il put alors, sans que la nation se plaignît, supprimer le tribunat et instituer une noblesse héréditaire. Il ne lui restait plus qu'à achever la grande fédération de l'Occident européen, et à compléter le blocus continental. A partir de ce moment, tous ses efforts vont tendre, en effet, à fermer à l'Angleterre les ports de l'Europe.

La Suède refusa de se prêter à cette politique; le roi Gustave-Adolphe IV ouvrait aux Anglais l'entrée de la Baltique, le port de Stralsund et Stockholm. Napoléon lui enleva Stralsund, et fit occuper l'île de Rugen par des troupes françaises.

Le Portugal, qui avait pour reine Marie Ire, pour régent son fils, Jean VI, résistait également au système continental. Napoléon signa à Fontainebleau un traité secret avec Charles IV, roi d'Espagne, pour s'assurer un libre passage à travers ses Etats et partager le royaume de Portugal. Junot, duc d'Abrantès, envahit ce pays, et en fut bientôt nommé gouverneur général. A son approche, le prince régent s'était enfui avec toute la famille royale sur la flotte anglaise, et s'était retiré au Brésil.

CHAPITRE VIII.

—

Guerre d'Espagne. — Campagne de Russie.

L'invasion du Portugal indigna une partie de la nation espagnole, qui accusait de trahison Charles IV, et surtout son favori Manuel Godoy, prince de la Paix. Des révoltes éclatèrent, et le fils aîné du monarque espagnol, Ferdinand VII, fut proclamé roi. Napoléon résolut de profiter de ces troubles. Il se rendit à Bayonne, et y attira, sous prétexte de négociations, Charles IV et son fils. Dans cette entrevue célèbre, il exigea que Ferdinand VII renonçât au titre que lui avait donné l'insurrection. Ferdinand se soumit; son père déposa ensuite entre les mains de l'empereur l'autorité royale. Après avoir envoyé Charles IV à Compiègne et Ferdinand VII au château de Valençay, Napoléon prit pour lui-même le pouvoir absolu en Espagne; il se fit adresser une ambassade par quelques grands gagnés à sa cause, et qui offraient la couronne à son frère Joseph, déjà roi de Naples. Sa conduite en cette circonstance était violente, et il la juge ainsi dans le *Mémorial de Sainte-Hélène :*

« Si j'ai péché, c'est par une audacieuse franchise, par un excès d'énergie. Bayonne ne fut pas
un guet-apens, mais un immense, un éclatant
coup d'Etat. »

Le 6 juin 1808, Joseph fut proclamé roi d'Espagne, et Joachim Murat le remplaça dans le
royaume de Naples. Napoléon, espérant qu'un
appel au peuple lui ferait comprendre ses véri-
tables intérêts, publia la proclamation suivante :

« Espagnols !

« Après une longue agonie, votre nation périssait ; j'ai vu vos maux, je vais y porter remède.
Votre grandeur, votre puissance font partie de la
mienne.

« Vos princes m'ont cédé tous leurs droits à la
couronne des Espagnes. Je ne veux point régner
sur vos provinces, mais je veux acquérir des
titres éternels à l'amour et à la reconnaissance
de votre postérité. Votre monarchie est vieille, ma
mission est de la rajeunir. J'améliorerai toutes
vos institutions, et je vous ferai jouir, si vous me
secondez, des bienfaits d'une réforme sans frois-
sements, sans désordres, sans convulsions.

« Espagnols, j'ai fait convoquer une assemblée
générale des députations des provinces et des
villes. Je veux m'assurer par moi-même de vos
besoins.

« Je déposerai alors tous mes droits, et je pla-
cerai votre glorieuse couronne sur la tête d'un
autre moi-même, en vous garantissant une constitution qui concilie la sainte et salutaire autorité du
souverain avec les libertés et les priviléges du
peuple.

« Souvenez-vous de ce qu'ont été vos pères ; voyez ce que vous êtes devenus. La faute n'en est pas à vous, mais à la mauvaise administration qui vous a régis. Soyez pleins d'espérance et de confiance dans les circonstances actuelles ; car je veux que vos derniers neveux conservent mon souvenir et disent : « Il est le régénérateur de notre patrie. »

L'Espagne ne se résigna pas cependant : elle se croyait blessée dans sa dignité et dans son honneur. Des révoltes éclatèrent à Valence, à Séville, à Saragosse, à Cadix ; une junte réunie à Séville proclama Ferdinand VII, et résolut d'opposer une résistance nationale à l'invasion française. « J'attendais leurs bénédictions, dit Napoléon ; il en fut autrement : ils dédaignèrent l'intérêt pour ne s'occuper que de l'injure, ils s'indignèrent à l'idée de l'offense, se révoltèrent à la vue de la force ; tous coururent aux armes. Les Espagnols en masse se conduisirent comme un homme d'honneur. Je n'ai rien à dire à cela, sinon qu'ils ont triomphé, qu'ils en sont peut-être à le regretter ; ils méritaient mieux. »

Grâce à la victoire de Bessières, à Medina-del-Rio-Seco, le 14 juillet 1808, Joseph Bonaparte entra, le 20, à Madrid ; mais il y entra au milieu du silence et de la consternation du peuple. L'Andalousie était en armes, et deux jours après on apprit les revers de l'armée française. Le 22 juillet, le général Dupont, qui s'était imprudemment engagé près de Jaen, avait mis bas les armes avec 14,000 hommes ; c'est ce qu'on nomme la *capitulation de Baylen*.

Quand l'empereur apprit cette nouvelle, sa douleur fut égale à son indignation ; son abattement était si visible, qu'ayant aussitôt fait appeler Maret, ce ministre s'écria : « Votre Majesté est-elle malade ? — Non. — L'Autriche lui a-t-elle déclaré la guerre ? — Plût à Dieu que ce ne fût que cela ! — Qu'est-il donc arrivé ? » Napoléon lui raconta ce qui s'était passé ; puis il ajouta : « Qu'une armée soit battue, ce n'est rien : le sort des armes est journalier, et l'on répare une défaite. Mais qu'une armée fasse une capitulation honteuse, c'est une tache pour le nom français, pour la gloire des armes. Les plaies faites à l'honneur ne guérissent point. L'effet moral en est terrible. Comment ! on a eu l'infamie de consentir à ce que nos soldats fussent fouillés dans leurs sacs comme des voleurs ! Devais-je m'attendre à cela du général Dupont, un homme que je soignais, que j'élevais pour le faire maréchal ? On dit qu'il n'y avait pas d'autre moyen de sauver l'armée, de prévenir l'égorgement des soldats ! Eh ! il eût mieux valu qu'ils eussent tous péri les armes à la main, qu'il n'en fût pas resté un seul. Leur mort eût été glorieuse ; nous les eussions vengés. On retrouve des soldats ; il n'y a que l'honneur qui ne se retrouve pas. »

En même temps, le général anglais, lord Wellesley, plus connu sous le nom de Wellington, débarquait avec une armée à Leiria, à trente lieues de Lisbonne, battait Junot et le chassait du Portugal.

Napoléon avait encore à redouter des périls de l'Autriche, qui, excitée par l'Angleterre, appelait 500,000 hommes sous les drapeaux, et se disposait à faire une puissante diversion. Il se rendit à

Erfurth, où il eut des conférences avec l'empereur Alexandre, dans le but de s'assurer l'alliance de la Russie, et, par elle, de contenir l'Autriche pendant qu'il accablerait l'Espagne. En
effet, les conférences étaient à peine terminées,
qu'il partit pour l'Espagne, afin d'y frapper un
coup décisif. Il y entra le 4 novembre; le 10, les
Espagnols furent vaincus à Burgos, et les jours
suivants dans une série de combats qui ouvrirent
aux Français les portes de Madrid. Mais à ce moment l'Autriche éclatait. L'empereur dut laisser
le maréchal Soult à la tête de l'armée, pendant
que lui-même retournait en France pour surveiller
l'Autriche, la Prusse et la Russie. Soult triompha
à la Corogne le 10 décembre 1808, et vainquit une
seconde fois à Porto en 1809. Cependant les Espagnols se défendaient partout avec une héroïque
intrépidité. Le siége de Saragosse, dirigé par le
maréchal Lannes, dura huit mois; 40,000 Espagnols, moines, prêtres, femmes et enfants, s'ense-
velirent sous les murs de la place. Ils avaient à
leur tête Palafox, qui s'immortalisa par cette défense. Les guérillas s'organisèrent dans toutes les
provinces, et, exaltés par le sentiment religieux
et par le sentiment patriotique, soutenus, en outre,
par les Anglais, ils opposèrent une invincible résistance.

Cette guerre d'Espagne fut l'écueil de la puissance de Napoléon; pendant qu'il y sacrifiait plusieurs armées, l'Autriche lui déclarait la guerre;
le Tyrol était en armes sous la conduite d'un
paysan, Hofer. Les Westphaliens attaquaient
Jérôme. En un mot, une cinquième coalition
menaçait la puissance française.

Napoléon marcha contre l'Autriche au mois d'avril 1809, et passa le Rhin. Les Français furent vainqueurs à Abensberg et à Landshut (20 et 21 avril); le 22, Davoust remporta une troisième victoire à Eckmuhl, d'où il reçut le nom de *prince d'Eckmuhl*. Le 23, Ratisbonne était occupée, et le 10 mai, Napoléon entrait au palais de Schœnbrunn, aux portes de Vienne. Il somma cette ville de se rendre, et, sur le refus de l'archiduc Maximilien, il en ordonna le bombardement. Après deux jours d'effroyables désastres, Vienne ouvrit ses portes. L'archiduc Charles, avec une armée de 200,000 hommes, arrivait de la Pologne autrichienne et menaçait la rive gauche du Danube. Napoléon voulut immédiatement passer ce fleuve et fit jeter un pont sur l'île Lobau. Le 31 mai, l'armée française traversa le Danube, fortifia l'île Lobau et attaqua l'archiduc à Essling. La bataille dura deux jours et fut indécise; Lannes y fut blessé mortellement, et Masséna se montra digne de son ancienne réputation. Napoléon se borna, pendant un mois, à fortifier les bords du Danube, et il attendit les renforts que lui amenaient d'Italie le prince Eugène Beauharnais et le maréchal Marmont, duc de Raguse. Quand il eut enfin rassemblé toutes ses troupes, il passa pour la deuxième fois le Danube, attaqua l'archiduc le 6 juillet, près de Wagram, et le battit après une résistance obstinée. Berthier reçut le titre de *prince de Wagram*, en récompense de l'habileté avec laquelle il avait transmis les ordres sur le champ de bataille.

L'empereur François, accablé de ce nouveau désastre, demanda la paix. Napoléon, qui en avait

autant besoin que l'Autriche, s'empressa de signer
la trêve de Znaïm, suivie du traité de Vienne ou
de Schœnbrunn, le 14 octobre. L'Autriche cédait
à la Confédération du Rhin l'archevêché de Salz-
bourg avec son territoire, abandonnant Trieste,
l'Istrie, la Carniole et la Croatie à la France, qui
les incorporait au royaume d'Illyrie ; le roi de
Saxe obtenait une partie de la Bohême septentrionale, et la Russie un territoire de 400,000 âmes
dans l'ancienne Gallicie.

La veille de ce traité, un jeune homme de dix-
huit ans, Frédéric Stabs, tenta d'assassiner l'empereur au palais de Schœnbrunn. « Si je vous
faisais grâce, que feriez-vous ? lui dit celui-ci dans
l'interrogatoire. — Je vous tuerais. »

Après une telle réponse, il fut traduit devant
une commission militaire et condamné à mort.

Le fanatisme était entretenu dans la jeune
Allemagne par une association appelée *Tugenbund*,
ou *Association de la vertu*. Les étudiants allemands commençaient à s'exalter ; le patriotisme
et une espèce de mysticisme philosophique se
réunissaient pour les exciter à l'affranchissement
de la patrie.

Napoléon, après avoir terminé la campagne
d'Autriche et détruit la cinquième coalition, se
trouvait tout-puissant. Pie VII ayant refusé de
fermer le port d'Ancône aux flottes anglaises, il
déclara les Etats pontificaux incorporés à l'empire.
Il avait fait enlever le pape le jour même de la
bataille de Wagram ; il l'interna d'abord à Grenoble, et plus tard à Savone. Rome devint une
préfecture française.

A la même époque, l'empereur répudia José-

phine, et, dans l'espoir d'avoir un héritier qui
perpétuerait sa dynastie, épousa l'archiduchesse
d'Autriche Marie-Louise. Il avait dit à Joséphine,
dans une triste et dernière entrevue : « Ma destinée est plus forte que ma volonté. Mes affections
les plus chères doivent se taire devant les intérêts
de la France. » Néanmoins, l'opinion populaire,
peu touchée des raisons d'Etat, se prononça avec
chaleur contre une répudiation qui lui paraissait
de l'ingratitude.

Ce moment est celui où l'empire français a
atteint son plus haut développement. La Hollande
y est incorporée par l'abdication du roi Louis, à
qui il répugnait de s'associer au blocus du système continental, dont souffrait beaucoup le commerce hollandais. Pour compléter ce système,
la réunion du duché d'Oldenbourg à l'empire est
proclamée. Le prince royal de Suède étant mort,
Bernadotte est appelé à le remplacer, au grand
mécontentement du czar, qui, après avoir vu
dépouiller son beau-frère du duché d'Oldenbourg,
craint maintenant que la Suède, soutenue par
Napoléon, ne cherche à reprendre la Finlande.
Enfin, en vertu d'un décret impérial sanctionné
par le sénat, on annexe les villes hanséatiques et
toutes les embouchures de l'Escaut, de la Meuse,
du Rhin, de l'Ems, du Weser et de l'Elbe, pays
qui, avec la Hollande, formèrent dix départements nouveaux.

Enfin, la naissance d'un fils, le 20 mars 1811,
vint ajouter encore à la puissance de Napoléon,
en paraissant assurer l'hérédité de la couronne.
Le jeune prince reçut le nom de *roi de Rome*.
Alors échouait une tentative semblable à celle de

Stabs, faite par un autre Saxon, Dominique-Ernest de la Sahla, qui fut enfermé à Vincennes, d'où il ne sortit qu'en 1814.

Au milieu de tant de succès et de bonheur, l'expédition d'Espagne était seule malheureuse ; les Anglais chassèrent Masséna, qui avait remplacé Junot. Vainement Suchet, duc d'Albuféra, Soult, Sébastiani, Victor, duc de Bellune, redoublèrent d'efforts pour comprimer l'Andalousie ; la junte se retira à Cadix, se plaça dans l'île de Léon, sous la protection de la flotte anglaise, et continua de soutenir Ferdinand VII. Cette guerre a été pour l'empire une cause de ruine, comme la guerre de Russie qui va bientôt commencer.

Napoléon, en effet, apprit, au commencement de 1812, que l'empereur Alexandre, son allié, depuis les conférences d'Erfuth, se rapprochait de l'Angleterre et signait un traité spécial avec Bernadotte, le nouveau roi de Suède, qui par là se séparait de la France. A cette nouvelle, il lui fit signifier qu'il eût à rompre ses alliances ; et, sur son refus, il lui déclara la guerre. En réalité, la guerre de Russie a eu pour motif le système continental, qui ne pouvait s'appliquer complétement, tant que les ports de Riga, de Saint-Pétersbourg et d'Arkhangel, resteraient ouverts aux Anglais.

Après avoir organisé la garde nationale pour défendre les frontières et pourvoir à la sûreté intérieure, après avoir porté remède, autant qu'il était en lui, à une disette qui menaçait la France, Napoléon partit le 9 mai 1812, et l'impératrice l'accompagna jusqu'à Dresde, pour aller visiter sa famille. Afin d'effrayer Alexandre, il réunit autour de lui une cour de souverains : les rois d'Autriche, de Prusse, de Saxe, de Bavière, de Wurtemberg, de Westphalie, de Naples et d'Espagne, lui firent cortége.

La grande armée, composée de 600,000 hommes, s'avança divisée en deux corps. Le premier, sous Macdonald et Gouvion-Saint-Cyr, se dirigea vers Saint-Pétersbourg en côtoyant la Baltique ; Napoléon commanda lui-même le second, qui marcha sur Moscou.

Le 24 juin, il passa le Niémen. Par un retard inexplicable, il s'arrêta dix-sept jours à Wilna, capitale de la Lithuanie. Pendant ce temps, les Russes préparèrent leur plan de défense ; ils rassemblèrent trois armées sous les ordres de Bagration, de Barclay de Tolly et de Koutousof, et les placèrent en Lithuanie, en Volhynie et derrière la Dwina.

Barclay de Tolly, ministre de la guerre, fit adopter à Alexandre la résolution de changer en désert tout le pays que les Français devaient traverser, d'éviter les batailles, d'incendier les villes et de concentrer les populations dans le Nord de la Russie. Tel fut le système qui prévalut pour le malheur des Français. Cependant, au commencement, tout leur réussit. Macdonald prit la Courlande ; Napoléon passa la Dwina le 19 juillet, et marcha vers Smolensk, où les troupes, victorieuses à Mohilev, arrivèrent le 17 août. Mais les Russes incendièrent la ville à leur approche et se replièrent sur Moscou. Le 29, la grande armée atteignit Viazma, que les Russes venaient également d'incendier. Cette tactique de destruction réduisait l'armée française, éloignée de ses magasins, à une effroyable disette. Elle causa tant de malheurs aux Russes eux-mêmes, que Koutousof s'éleva contre le plan de Barclay de Tolly, et obtint momentanément le commandement. Il se proposait de couvrir Moscou, et, en effet, il prit position à Borodino, non loin de la Moskowa. Ce fut là que se livra, le 7 septembre, une bataille acharnée. Aux premières lueurs du jour dissipant les masses de brouillard, le soleil se leva resplendissant. Napoléon, plein d'exaltation, dit à ses officiers : « Voilà le soleil d'Austerlitz. »

La victoire resta aux Français, déjà tant de fois vainqueurs ; mais il y eut quarante-trois généraux blessés ou tués. L'honneur de la journée fut pour le maréchal Ney, qui obtint le titre de *prince de la Moskowa*.

Ce fut le 14 septembre que les Français arrivèrent dans Moscou, considérés par les Moscovites comme la ville sainte. Le gouverneur Rostopchin l'avait abandonnée avec toute la population. A l'aspect de l'antique capitale des czars, avec ses deux cents églises, ses clochers étincelants, ses coupoles dorées, transportés d'enthousiasme, les soldats s'écrièrent, en battant des mains : « Moscou ! Moscou ! » Ils saluaient l'opulent asile qui leur était ouvert après une si pénible route. Un danger imprévu les y attendait. A peine en ont-ils pris possession, que, dans la nuit du 15, le feu éclate sur plusieurs points à la fois. On court pour l'éteindre, et on l'attribue d'abord à l'imprudence des soldats; mais de nouvelles clartés jaillissent des maisons inhabitées. On cherche les pompes, elles ont disparu. L'embrasement devient général; les efforts des travailleurs sont impuissants. A la

7.

sombre lueur des flammes, on voit se glisser de
sinistres figures; bientôt on saisit quelques agents
de destruction, la torche à la main; ils avouent
leur mission, et on acquiert la conviction qu'un
farouche patriotisme sacrifie la ville des czars,
Moscou la sainte, pour creuser aux vainqueurs un
immense tombeau. Etonné, confondu de cette
résolution désespérée, Napoléon s'écrie : « Quoi!
brûler leur capitale eux-mêmes! Quels hommes!
Ce sont des Scythes! »

Pendant quatre jours, l'incendie, excité par un
vent furieux, dévora Moscou, sans que l'empereur, qui le contemplait du haut du Kremlin,
pût en arrêter les progrès. Cet événement détruisit
toutes ses espérances; il avait compté passer là
l'hiver, et recommencer la campagne au printemps.
Les Russes, afin d'y prolonger son séjour, l'amu-
sèrent par des négociations pendant plus d'un
mois; ce fut seulement le 23 octobre que, reconnaissant l'impossibilité de faire subsister son armée au milieu de ces déserts et de résister à un
ennemi plus terrible encore, l'hiver de Russie, entraîné d'ailleurs par les conseils de ses maréchaux
et de ses généraux, il commença sa retraite. Le
maréchal Mortier fit sauter le Kremlin, et l'armée
française se dirigea sur Smolensk. Depuis le 28,
le froid commença à se faire sentir; dans la nuit
du 6 au 7 novembre, l'hiver, devançant d'un mois
son apparition habituelle, se manifesta subitement dans toute sa rigueur. Durant cette première nuit de désolation, les bivouacs furent
mortels : hommes et chevaux périrent par milliers.
Néanmoins les plus forts restaient; mais comment
peindre cette marche au milieu des neiges, sur

des chemins glacés, sous un vent qui arrête leur
respiration? Les armes échappent aux mains en-
gourdies ; les pieds, devenus insensibles, ne
peuvent plus se mouvoir; les rangs se dégarnissent;
les colonnes sont clair-semées. Des soldats errent
sans drapeaux, des officiers sans soldats. Le 9, le
quartier impérial entra à Smolensk ; l'armée n'y
fut réunie que le 13.

Il restait encore 40,000 combattants sous les
armes, tous hommes d'élite, robustes et coura-
geux. Napoléon ne craignit pas de les diviser en
quatre corps, destinés à cheminer à une journée
de distance les uns des autres : d'abord la garde,
formant 16,000 hommes, puis Eugène avec 8,000,
Davoust avec 10,000, et enfin Ney dirigeant une
avant-garde de 6,000. Tous furent admirables de
courage et de persévérance dans cette retraite si
périlleuse ; Ney surtout, resté le dernier et longtemps en danger, déploya un courage surhumain;
sa terrible retraite de Smolensk sur Orcha dura
cinq jours, et ce furent cinq jours d'un constant
héroïsme. Napoléon, incertain sur son sort, n'avait
cessé de penser à lui, lorsque Gourgaud, son officier d'ordonnance, vint lui apprendre qu'il était
sauvé. « Est-ce bien vrai? En êtes-vous bien sûr? »
lui dit-il avec la plus vive émotion et en lui saisissant le bras. Gourgaud lui ayant répondu qu'il en
avait la certitude : « J'ai 200 millions dans mes
caves des Tuileries, s'écria-t-il aussitôt ; je les
aurais donnés pour sauver le maréchal Ney. »

Cependant, tandis que Koutousof ne cessait de
harceler les soldats français, et que Platof, hetman
des Cosaques, lançait contre eux une cavalerie rapide, l'armée de Volhynie s'avançait du Sud pour

couper la retraite à Napoléon. Le 25 novembre,
elle occupait les bords de la Bérésina qu'il était
forcé de passer. Heureusement le maréchal Victor
arrivait avec des renforts au-devant de lui, et il
tint tête à cette armée. Napoléon jeta un pont sur
la rivière, qu'il franchit à la hâte ; mais le pont se
rompit sous la multitude des fuyards, et on pré-
tend que 30,000 personnes, femmes, enfants et
soldats, furent englouties dans les eaux glacées.
L'empereur, parvenu à Smorgoni, près de Wilna,
monta en traîneau, le 5 décembre, avec le grand
écuyer Caulaincourt, duc de Vicence, et, laissant
Murat à la tête des troupes, partit pour Paris. Il y
entra dans la nuit du 18. L'armée, continuant sa
marche, put, après quarante-six jours de privations et de combats, repasser le Niémen à Kowno ;
au moment où Ney vint pour passer, il trouva le
pont occupé par les Russes ; alors l'intrépide maréchal devint soldat, saisit un fusil, se précipita
à la tête d'une quarantaine de braves, et, fidèle
jusqu'au bout au dévouement sublime qu'il s'é-
tait imposé, il sortit le dernier du sol fatal de
la Russie.

Il fallut se replier sur la Vistule, de la Vistule
sur l'Oder. Le 21 février 1813, les troupes entrèrent à Berlin. Là se termina cette mémorable
expédition de Russie, où tout fut gigantesque,
même le malheur ! Au mois de juin, 325,000
hommes avaient traversé le Niémen ; au mois de
décembre, 127,000 revirent ce fleuve ; le reste
était mort ou prisonnier

Au départ, l'empereur et la France entraînaient
à leur suite tous les peuples de l'Europe ; au retour, l'empereur et la France se trouvaient seuls.

CHAPITRE IX.

—

La France envahie. — Les Cent-Jours. — Waterloo.

Le retour de Napoléon à Paris calma les inquiétudes publiques. Une conspiration avait éclaté en
son absence. Le jour même où il quittait Moscou,
le général Mallet, répandant le bruit de sa mort,
avait entraîné dans son complot trois régiments
et fait arrêter le général Hullin, commandant
de la garnison, le ministre de la police Savary et
le préfet de la Seine. Mais, prévenu par l'archichancelier, le ministre de la guerre Clarke, duc de
Feltre, avait réuni des troupes. Les conspirateurs.
avaient été arrêtés, jugés par une commission militaire, fusillés le lendemain. Tout était terminé
quand l'empereur rentra à Paris. Il n'en exprima
pas moins hautement dans le conseil son étonne-
ment qu'un pareil complot eût pu être essayé.

Après avoir déploré le défaut de stabilité de l'esprit
public en France, il ajouta : « Au premier mot de
ma mort, sur l'ordre d'un inconnu, des officiers
mènent leurs régiments forcer les prisons, se saisir des premières autorités! un concierge enferme
les ministres sous les guichets! un préfet de la
capitale, à la voix de quelques soldats, se prête
à faire arranger sa grande salle d'apparat pour
je ne sais quelle assemblée de factieux! tandis
que l'impératrice est là, le roi de Rome, mes
ministres et tous les grands pouvoirs de l'Etat!
Un homme est-il donc tout ici? les institutions,
les serments, rien ?

Un danger plus sérieux le menaçait du côté de
l'Allemagne ; une sixième coalition venait de se
former, composée de l'Angleterre, de la Russie,
de l'Autriche et de toute l'Allemagne. Il allait avoir
à combattre presque toute l'Europe avec une armée épuisée ; il lui fallut mettre en réquisition les
jeunes gens depuis dix-huit ans, et armer, pour
la défense des côtes, les gardes nationales. Voulant autant que possible éloigner la guerre de la
France, après avoir confié le pouvoir suprême à
l'impératrice en établissant auprès d'elle un conseil
de régence, il se rendit à Mayence le 16 avril 1813,
et, dès le 2 mai, commença la campagne en Saxe.
Il battit les coalisés une première fois à Lutzen; le
20, il remporta une seconde victoire à Bautzen ;
quelques heures avant la mêlée, fatigué du travail
de la nuit qu'il avait passée à donner des ordres,
il dormait encore couché sur la pente d'un ravin.

En un mois, l'armée française avait délivré la
Saxe, conquis la moitié de la Silésie, et était arrivée sur l'Oder. De si rapides progrès épouvan-

tèrent les alliés ; ils eurent recours à la ruse, et demandèrent un armistice jusqu'au 20 juillet d'abord, puis jusqu'au 10 août. En même temps, un congrès s'ouvrait à Prague, pour mieux faire croire à des intentions pacifiques ; c'était un moyen de gagner du temps, et les hostilités recommencèrent bientôt. La situation était d'autant plus grave, qu'à la même époque des revers nouveaux éprouvés en Espagne forçaient le roi Joseph de quitter Madrid. D'un autre côté, l'Autriche apportait à la coalition un renfort de 200,000 combattants. Cependant, le 26 août, une troisième victoire signala la présence et le génie de Napoléon. « L'empereur est dans Dresde, s'était écrié le prince de Schwarzenberg en voyant les manœuvres, l'occasion d'enlever la ville est perdue. » Rien ne manquait à cette glorieuse journée, pas même la punition de Moreau, qui, servant dans l'armée ennemie, fut atteint par un boulet qui lui fracassa les jambes, et mourut peu de temps après, à la suite de l'amputation, entre les bras du czar.

Les Français s'épuisaient par leurs succès mêmes, qui n'étaient pas décisifs ; la coalition, au contraire, se fortifiait par l'arrivée de nouvelles recrues. Blücher amena les Prussiens, Schwarzenberg les Autrichiens et Alexandre les Russes. Toutes ces armées réunies attaquèrent les Français à Leipsick, le 18 octobre. La bataille dura quatre jours ; la défection des Hessois et des Saxons, la mort de Poniatowski dans l'Esler, enfin la ruine de la cavalerie, entraînèrent un désastre complet. Napoléon dut battre en retraite de l'Elbe au Rhin. Les Austro-Bavarois, qui essayèrent de lui fermer le passage à Hanau, furent taillés en pièces, le

30 octobre ; trois jours après, il entrait à Mayence et repassait le Rhin. Le 14 novembre, il reçut aux Tuileries les corps constitués. Ses paroles au sénat furent pleines de franchise et de dignité. « Il y a un an, dit-il, toute l'Europe marchait avec nous ; toute l'Europe marche aujourd'hui contre nous. » C'était dire à chacun tous les dangers de la patrie et les devoirs du citoyen.

Alors cependant commencèrent les intrigues et les complots des partis, malgré l'exemple donné par Carnot, qui, au contraire, se rapprochait de l'empereur au moment de l'adversité et était nommé gouverneur d'Anvers, la place maritime la plus importante de l'empire. Le corps législatif lui-même, jusque-là si docile, tenta une opposition qui le fit ajourner, et le lendemain, le 1ᵉʳ janvier, à la réception des autorités, Napoléon disait aux représentants :

« Messieurs, vous pouviez faire beaucoup de bien, et vous n'avez fait que du mal....

« J'avais besoin de consolations, et je les attendais de vous. Vous avez voulu me couvrir de boue ; mais je suis de ces hommes qu'on tue et qu'on ne déshonore pas.... Etait-ce par des reproches que vous prétendiez relever l'éclat du trône ? »

Parlant au conseil d'Etat de cette même opposition :

« Messieurs, avait-il dit, vous connaissez la situation des choses et le danger de la patrie ; j'ai cru, sans y être obligé, devoir en donner une communication intime aux députés du corps légis-

latif ; j'ai voulu les associer ainsi à leurs intérêts
les plus chers. Mais ils ont fait de cet acte de ma
confiance une arme contre moi, c'est-à-dire contre
la patrie. Au lieu de me seconder de leurs efforts,
ils gênent les miens. Notre attitude seule pouvait
arrêter l'ennemi, leur conduite l'appelle. Au lieu
de lui montrer un front d'airain, ils lui découvrent
nos blessures ; ils me demandent la paix à grands
cris, lorsque le seul moyen pour l'obtenir était de
me recommander la guerre. »

Le danger allait devenir, en effet, plus pres-
sant que jamais ; toute l'Allemagne, excitée par
le poëte Kærner et par Alexandre, avait chassé les
garnisons françaises, et les armées de la coalition
se présentaient, à la fin de 1813, sur les frontières
mêmes du Rhin. La campagne avait été aussi malheureuse en Espagne. Wellington battait Marmont
à Salamanque, entrait à Madrid, et, par la victoire
de Vittoria, soumettait une partie des provinces
basques. Soult tentait vainement de sauver Saint-
Sébastien, et se repliait sur Bayonne. Le général
anglais, entré en France, menaçait Toulouse. Telle
était la situation de la France : sur le Rhin les
Russes, les Prussiens et les Autrichiens ; aux Pyrénées Wellington. L'Espagne était rendue à Ferdinand, et la Hollande au prince d'Orange ; la Westphalie avait chassé son roi ; Murat, pour conserver
son trône, traitait avec l'Autriche ; l'Italie était
inondée de troupes autrichiennes jointes aux Napolitains. Ainsi se détachaient l'un après l'autre,
comme autant de pièces rapportées, les membres
du grand empire. La France n'en est plus à combattre pour la conservation de ses conquêtes : il

s'agit désormais de l'intégrité de son propre territoire.

Les armées coalisées du Nord se divisèrent en
deux corps : Blücher et Alexandre entrèrent en
Lorraine ; Schwarzenberg pénétra en Alsace. Ces
deux provinces furent immédiatement occupées,
sauf Metz et Strasbourg. Les ennemis, instruits
par Napoléon à marcher droit sur les capitales,
voulaient s'avancer à leur tour au cœur de la
France, sans s'arrêter au siége des places fortes.
Ils franchirent les Vosges, les Ardennes, et, com-
binant leur marche, se proposérent de traverser
toute la Champagne, les Prussiens et les Russes
le long de la Marne, les Autrichiens en suivant le
cours de l'Aube et de la Seine ; le point de jonction
était à Paris.

Napoléon n'avait que 50,000 hommes pour résister à ces deux armées d'invasion, qui présentaient un effectif de plus de 250,000 hommes ; mais
il multiplia ses ressources dans cette campagne
par son intrépidité et par la rapidité de ses manœuvres. Des lettres patentes investirent Marie-
Louise du titre et des fonctions de régente. Joseph
lui fut adjoint comme lieutenant général de l'empire ; un conseil de régence devait les assister.
Les officiers de la garde nationale étant réunis
aux Tuileries, l'empereur parut au milieu d'eux
avec l'impératrice et le roi de Rome, et, après les
avoir entretenus des dangers de la patrie, il ajouta
d'une voix émue : « Je vous laisse l'impératrice et
le roi de Rome, ma femme et mon fils : je partirai
l'esprit dégagé de toute inquiétude, parce qu'ils
seront sous votre sauve-garde. Ce que j'ai de plus
cher au monde, après la France, je le remets dans

vos mains. » Après avoir livré aux flammes les papiers les plus secrets, il dit à sa femme et à son
fils un adieu qui devait être éternel. Le 25 janvier 1814, il arriva au quartier général de Châlons-
sur-Marne. Il arrêta l'ennemi au combat de Bar-
sur-Aube, et ouvrit en même temps le congrès de
Châtillon ; car on négociait tout en combattant ou
plutôt on cherchait, des deux côtés, à gagner
du temps, afin de profiter des événements. A
Prague, les alliés avaient accordé à la France ses
limites de 1799 ; à Francfort, ils avaient offert les
frontières naturelles ; à Châtillon, ils exigèrent que
la France rentrât dans les limites qu'elle avait
avant la Révolution. A cette nouvelle, Napoléon
fut consterné. Le prince de Neuchâtel et le duc
de Bassano osèrent cependant lui conseiller de céder. Alors la douleur fit place à l'indignation.
« Quoi! s'écria-t-il, vous voulez que je signe un
pareil traité !... Des revers inouïs ont pu m'arracher la promesse de renoncer aux conquêtes que
j'ai faites ; mais que j'abandonne aussi celles qui
ont été faites avant moi ; que pour prix de tant
d'efforts, de sang et de victoires, je laisse la
France plus petite que je ne l'ai trouvée ! Jamais !...
Que serais-je pour les Français, quand j'aurais signé leur humiliation ? Que pourrais-je répondre
aux républicains du sénat, quand ils viendraient
me demander leurs barrières du Rhin ? Dieu me
préserve de tels affronts ! »

Tout ce que put obtenir le duc de Bassano, c'est
qu'on répondît au duc de Vicence, chargé de la
négociation, en termes vagues qui lui permissent
de ne pas rompre sur-le-champ les conférences.
Le courrier était à peine parti, que, rentrant dans

le cabinet de l'empereur, il le trouva penché sur ses cartes, un compas à la main. Il lui annonça que la dépêche était expédiée. « Il s'agit maintenant de bien autre chose, répondit Napoléon. Je suis en ce moment à battre Blücher de l'œil; il s'avance sur Paris par la route de Montmirail. Je pars; je le battrai demain; je le battrai après-demain. Si ce mouvement a le succès qu'il doit avoir, l'état des choses se trouvera complétement changé, et nous verrons alors! »

Ce qui ranimait ses espérances, c'est que les deux armées alliées, au lieu de marcher ensemble sur Paris, s'étaient séparées. Elles opéraient d'elles-mêmes un mouvement qu'il avait vainement tenté d'obtenir par ses manœuvres, et lui rendaient toutes les chances qu'il venait de perdre. Il ne fut pas longtemps à en profiter; afin de leur tenir tête, il prit position au centre de la Champagne, se porta contre les Russes, et les vainquit, le 10 février, à Champaubert; le 11, nouvelle bataille et nouvelle victoire à Montmirail; le 14, après avoir rejeté les Russes, il tomba sur les Prussiens et les vainquit à Vauchamps. Les Autrichiens avançaient le long de la Seine et étaient arrivés à Montereau; il vole à leur rencontre, les culbute, et force Schwarzenberg à reculer jusqu'à Bar-sur-Aube. Il crut alors le moment venu de faire une tentative hardie pour entraîner les ennemis loin de Paris. Le 10 mars, après avoir vaincu les Autrichiens à Arcis-sur-Aube, il se mit en marche sur Saint-Dizier. Il laissait ainsi la route de Paris ouverte; mais il espérait que l'ennemi, intimidé et craignant une attaque sur ses derrières, reculerait vers les frontières orientales de la Champagne.

Cette manœuvre, qui pouvait sauver Paris, ne réussit pas. Les Prussiens et les Autrichiens, avertis par des agents secrets que Paris ne serait pas défendu, continuèrent leur marche. La garde nationale et des troupes nouvellement levées arrêtèrent les Prussiens à la Fère-Champenoise, le 25 mars ; mais Blücher ne s'avança pas moins sur Paris, et vint camper, le 29, au nord de cette ville, pendant qu'Alexandre s'avançait vers l'est, et que Schwarzenberg occupait le sud.

Marie-Louise, Joseph Bonaparte et les ministres prirent la fuite. Mortier et Marmont, chargés du commandement de la garnison, durent céder à leur tour. Paris capitula le 30 mars. Le lendemain, l'empereur de Russie, le roi de Prusse et le généralissime Schwarzenberg y firent leur entrée. L'empereur d'Autriche était encore à Dijon.

Napoléon, égaré à l'extrémité de la Champagne, et reconnaissant l'inutilité de sa manœuvre, s'était replié sur Fontainebleau. Si Paris eût tenu quelques jours de plus, peut-être serait-il arrivé à temps pour tenter une dernière bataille. Il était trop tard. Déjà on parlait du rétablissement des Bourbons, et tous les corps constitués, y compris le sénat et le corps législatif, venaient de se soumettre à un gouvernement provisoire, composé de Talleyrand, Beurnonville, Jaucourt, Dalberg et l'abbé de Montesquiou.

A Fontainebleau, Ney, Oudinot, Lefebvre, Berthier, Macdonald pressaient l'empereur d'abdiquer. Vaincu par ces tristes débats, il traça à la hâte la déclaration suivante :

« Les puissances alliées ayant proclamé que

l'empereur Napoléon était le seul obstacle au rétablissement de la paix de l'Europe, l'empereur
Napoléon, fidèle à son serment, déclare qu'il est
prêt à descendre du trône, à quitter la France
et même la vie, pour le bien de la patrie, in-
séparable des droits de son fils, de ceux de la
régence de l'impératrice et du maintien des lois
de l'empire.

« Fait en notre palais de Fontainebleau, le
4 avril 1814.

« NAPOLÉON. »

Caulaincourt, Macdonald et Ney furent chargés
de porter cet acte à Paris et de défendre les droits
de la régence. Il leur était enjoint de voir le duc
de Raguse en passant à Essonne, de lui communiquer ce qui venait de se passer, et de lui offrir,
soit de les accompagner à Paris, soit de rester à
la tête de son corps d'armée. Mais, dans la journée même, le duc de Raguse, par un traité secret avec le prince de Schwarzenberg, s'était engagé à quitter avec ses troupes l'armée de l'empereur.

Une abdication conditionnelle ne suffit pas ; les
maréchaux, de retour à Fontainebleau, exigèrent
davantage. « Eh bien ! s'écria Napoléon, puisqu'il
faut renoncer à défendre la France, l'Italie ne
nous offre-t-elle pas une retraite encore digne
de nous ? Veut-on m'y suivre encore une fois ?...
Marchons vers les Alpes ! » Ce cri ne trouva pas
d'écho. « Vous voulez du repos, dit-il à ses généraux, ayez-en donc. Hélas ! vous ne savez pas
combien de douleurs vous attendent sur vos lits
de duvet ! Quelques années de cette paix que vous

achetez si cher vous moissonneront en plus grand nombre que ne pourrait le faire la guerre la plus désespérée. » Puis, il écrivit une déclaration nouvelle :

« Les puissances alliées ayant proclamé que l'empereur Napoléon était le seul obstacle au rétablissement de la paix en Europe, l'empereur, fidèle à son serment, déclare qu'il renonce, pour lui et ses enfants, aux trônes de France et d'Italie, et qu'il n'est aucun sacrifice, même celui de la vie, qu'il ne soit prêt à faire aux intérêts de la France. »

Le traité qui fixait le sort de l'empereur déchu fut conclu à Paris, le 11 avril. L'île d'Elbe, adoptée par lui pour séjour, lui était donnée en toute souveraineté pendant sa vie. Il lui était assuré un revenu annuel de 2 millions en rentes sur le grand-livre, dont 1 million réversible à l'impératrice. Les duchés de Parme, de Plaisance et de Guastalla étaient donnés, en toute propriété, à Marie-Louise, pour passer à son fils. Le traitement de Joséphine était réduit à 1 million en domaines ou en rentes sur le grand-livre. Il pouvait emmener avec lui 400 hommes de la garde impériale.

Caulaincourt apporta ce traité à Fontainebleau. Napoléon refusa de le ratifier. « A quoi bon, dit-il, un traité, puisqu'on ne veut pas régler avec moi les intérêts de la France? Du moment qu'il ne s'agit que de ma personne, il n'y a pas de traité à faire. »

Pendant toute la journée du 12, il persista dans son refus ; après une nuit agitée, il consentit enfin à céder.

Il fallait attendre la ratification de la cour de Londres ; elle n'arriva que le 19.

Pendant ces sept jours, Napoléon se montra calme sans affectation, digne sans hauteur. Le 20, à dix heures du matin, toutes les voitures étaient prêtes dans la cour du palais. Douze cents grenadiers de la garde y étaient rangés sur deux lignes. A midi, Napoléon descendit le grand escalier. A sa vue, les tambours battirent aux champs ; d'un signe de la main, il les fit taire ; puis, s'avançant vers la troupe, il lui adressa d'une voix ferme, mais non sans émotion, ces paroles suprêmes :

« Officiers, sous-officiers et soldats de ma vieille garde, je vous fais mes adieux ! Depuis vingt ans, je vous ai constamment trouvés sur le chemin de l'honneur et de la gloire. Dans ces derniers temps comme dans ceux de notre prospérité, vous n'avez cessé d'être des modèles de bravoure et de fidélité.

« Avec des hommes tels que vous, notre cause n'était pas perdue ! Mais la guerre était interminable ; c'eût été la guerre civile, et la France en fût devenue plus malheureuse. J'ai donc sacrifié mes intérêts à ceux de la patrie. Je pars !

« Vous, mes amis, continuez de servir la France. Son bonheur était mon unique pensée ; il sera toujours l'objet de mes vœux. Ne plaignez pas mon sort. Si j'ai consenti à me survivre, c'est pour servir encore à votre gloire. Je veux écrire les grandes choses que nous avons faites ensemble... Adieu, mes enfants ! Je voudrais vous presser tous sur mon cœur ! Que j'embrasse au moins votre général, votre drapeau ! »

Le général Petit, saisissant l'aigle, s'avança et se jeta dans les bras de l'empereur, qui le tint étroitement embrassé. Les soldats éclataient en sanglots, et des larmes brillaient dans les yeux de Napoléon. Il prit l'aigle que lui présentait le général, et la pressa vivement contre sa poitrine.

« Chère aigle, s'écria-t-il en embrassant ce glorieux emblème de sa puissance, que ce dernier baiser retentisse dans le cœur de tous mes soldats.

« Adieu encore une fois, mes vieux compagnons, adieu ! »

Puis, s'arrachant aux embrassements de ceux qui l'entouraient, il se jeta dans sa voiture, et partit aux cris de *vive l'empereur !* Il traversa Lyon, Valence et la Provence, s'embarqua à Fréjus, le 28, sur la frégate anglaise *The Undaunted*, et fit voile pour l'île d'Elbe.

Pendant ce temps, à Paris, où une constitution sénatoriale avait été insérée au *Moniteur*, le comte d'Artois, frère de Louis XVIII, était proclamé lieutenant général du royaume. Le gouvernement provisoire, les ministres et les principales autorités parisiennes allèrent le recevoir à la barrière de Bondy. Le sénat refusait de le reconnaître. L'empereur Alexandre intervint, et, se faisant le défenseur du sénat et de la constitution, il enjoignit au comte d'Artois d'obéir à l'un et de reconnaître l'autre.

Dans l'armée, la réaction se fit aussi peu à peu : beaucoup de maréchaux firent acte de soumission au gouvernement. Quelques-uns cependant s'étaient défendus. Soult avait arrêté les Anglo-

Espagnols au combat d'Orthez, et, avec 30,000 hommes contre 70,000, avait balancé le succès sous les murs de Toulouse. Bordeaux s'étant déclaré pour les Bourbons, et ayant ouvert ses portes à la duchesse d'Angoulême, il se retira, en disputant à Wellington le passage de chaque rivière.

L'opposition de l'armée n'étant plus à craindre, le lieutenant général et le gouvernement provisoire purent agir avec plus de liberté. Par la convention du 23 avril, signée avec les alliés, la France s'engageait à leur remettre toutes les places occupées hors des limites du territoire français, tel qu'il se trouvait au 1er janvier 1792. On abandonnait ainsi non-seulement les conquêtes territoriales et maritimes de la République et de l'Empire, mais toutes les richesses qui y étaient accumulées depuis vingt-deux ans aux dépens de la France. Les seules valeurs mobilières et le matériel ont été estimés par un des négociateurs étrangers 1,500,000,000 fr. En même temps, les nations incorporées à l'empire s'en détachaient d'elles-mêmes.

L'Italie croyait être libre : elle retomba sous l'empire de l'Autriche; Gênes rétablit la constitution de 1797; Pie VII reprit possession de Rome; le roi de Sardaigne rentra en Piémont. Il fallut moins de deux mois pour anéantir l'œuvre de quinze années de victoires et de savantes combinaisons.

Le 3 mai, Louis XVIII, après avoir octroyé la charte, fit son entrée à Paris. Le même jour, Napoléon arrivait à l'île d'Elbe et débarquait à Porto-Ferrajo, où il fut reçu par le général Dalesme.

On lui remit les clefs de la ville, et il choisit la mairie pour son palais; le grand maréchal du palais comte Bertrand, le lieutenant général d'artillerie comte Drouot, le général Cambronne et quelques autres braves formèrent sa cour, jusqu'à ce que sa mère et sa sœur, la princesse Borghèse, fussent arrivées pour partager et adoucir son exil.

Napoléon n'oubliait pas la France : les yeux toujours fixés sur elle, il n'ignorait aucune des dissensions qui l'agitaient. Il put dès lors prévoir la possibilité de son retour. Les circonstances précipitèrent sa résolution. Il apprit, en effet, que le congrès de Vienne, décidé à ne pas tenir compte du traité de Fontainebleau, voulait le transporter à Sainte-Hélène. Dès lors son parti fut pris; mais il en garda le secret jusqu'au dernier moment.

Le 26 février 1815, il donna ordre au bataillon de la garde, aux autres soldats et officiers de sa maison, de s'embarquer avec lui sur le brick *l'Inconstant.* Trois autres navires l'accompagnaient. Au bout d'une heure de marche, il rompit le silence : « Grenadiers, dit-il, nous allons en France, nous allons à Paris. » Soldats et matelots furent transportés d'allégresse, et d'un navire à l'autre retentissaient de longs cris de *vive l'empereur !*

On avait à craindre les croisières françaises et les hasards de la mer. La première nuit ne fut pas heureuse, car le vent tomba tout à fait; mais il s'éleva le lendemain vers midi. Napoléon avait eu raison de tenir tête aux marins et de ne pas vouloir reculer. Le bâtiment qui portait César et sa fortune faillit encore être arrêté. Le brick français *le Zéphir* gouvernait droit sur lui. Il était commandé par un capitaine connu du commandant en second de l'*Inconstant*. Après les questions d'usage, le capitaine demanda des nouvelles de l'empereur, et on assure que ce fut Napoléon lui-même qui, embouchant le porte-voix, répondit qu'il allait bien. Le *Zéphir* s'éloigna.

Enfin, le 1er mars, la flottille mouilla au golfe Juan, et Napoléon mit pied à terre, non sans éprouver la plus vive émotion. Un bivouac fut établi sur le rivage, dans un champ d'oliviers. Peu d'instants furent donnés au repos.

Napoléon se dirigeait sur Paris à la tête de 500 hommes de sa garde, de 200 chasseurs corses et de 100 lanciers polonais. Partout, sur leur passage, à Gap, à Digne, à Saint-Bonnet, les populations accouraient aux cris de *vive l'empereur !* En avant de Vizille se montrèrent rangés en bataille 800 hommes du 5e de ligne. Les officiers ayant refusé de parlementer, le moment décisif était venu pour Napoléon. Arrivé à une demi-portée de fusil du bataillon, après avoir ordonné aux siens de mettre l'arme sous le bras, le canon baissé vers la terre, il s'avance seul et calme; à vingt pas du front de bataille, il porte la main à son chapeau : « Soldats, s'écrie-t-il d'une voix forte, s'il en est un seul parmi vous qui veuille tuer son général, son empereur, il le peut; me voilà. » Un seul cri lui répond : *Vive l'empereur !* Et les soldats, quittant leurs rangs, courent se mêler aux vétérans de l'île d'Elbe.

A partir de ce moment, ce n'est plus qu'une marche triomphale. Au sortir d'une ovation po-

pulaire à Vizille, un officier du 7ᵉ de ligne fend
la foule et annonce que son régiment, le colonel
en tête, s'avance pour saluer la venue de l'empereur. Bientôt, en effet, les deux troupes se
confondent, pendant que Labédoyère, attendri,
se jette dans les bras de Napoléon. A Grenoble,
le général Marchand avait fait fermer les portes
pour empêcher une désertion générale. Lorsque la
troupe impériale arriva au pied des remparts, la
population ouvrière des faubourgs, accourant avec
des poutres, fit tomber les portes aux cris de joie
des assiégés comme des assiégeants. A Lyon,
Macdonald avait voulu faire élever quelques barri-
cades; elles furent renversées par ceux-mêmes qui
étaient chargés de les défendre.

Le succès n'était plus douteux. De Lyon à Paris,
Napoléon n'eut aucun combat à livrer, aucune résistance à vaincre ; ses soldats et même ses maréchaux revenaient à lui. Le 19 mars, il était à
Fontainebleau. A cette nouvelle, on avait résolu
de transporter à Lille Louis XVIII et le gouvernement. Le 20 au matin, Paris se réveilla sans roi ;
le 20 au soir, il y avait un empereur. Cette révolution s'était accomplie sans secousse ; pas une
goutte de sang ne fut répandue, pas une seule
condamnation ne fut prononcée.

Il fallait une constitution nouvelle. Benjamin
Constant, chargé de la rédiger, ne voulait pas y
faire mention de l'empire. « Vous m'ôtez tout mon
passé, s'écria Napoléon, je veux le conserver. Il
faut que la nouvelle constitution se rattache à l'ancienne; elle aura la sanction de plusieurs années
de gloire et de succès. » Il fut donc décidé que la
nouvelle loi serait présentée comme un *acte addi-*

tionnel aux constitutions impériales. Mais cette transaction mécontenta tous les partis ; le peuple seul accepta l'acte additionnel sans s'en plaindre, parce qu'il lui était présenté par l'empereur ; et le 1er juin, le résultat des votes fut proclamé au milieu d'une immense multitude convoquée au Champ de Mars. Le 3, les membres des deux chambres se rassemblèrent. Napoléon, qui, avant de recommencer la guerre, avait besoin de compter sur leur dévouement, se montra mécontent des *adresses* qui lui furent présentées. La chambre des pairs l'invitait à ne pas se laisser entraîner par la séduction de la victoire. « L'entraînement de la prospérité, répondit-il, n'est pas ce qui nous menace aujourd'hui ; c'est sous les Fourches Caudines que les étrangers veulent nous faire passer. »

Quelques jours après, il adressa à la chambre des députés ces paroles qui étaient comme un avertissement :

« Toute discussion publique qui tendrait à diminuer directement ou indirectement la confiance qu'on doit avoir dans les dispositions de la constitution, serait un malheur pour l'Etat. N'imitons pas l'exemple du Bas-Empire, qui, pressé de tous côtés par les barbares, se rendit la risée de la postérité en s'occupant de discussions abstraites au moment où le bélier brisait les portes de la ville.... Aidez-moi à sauver la patrie ! »

Le 12, il partait pour l'armée, après avoir formé un conseil de gouvernement. Vainement il avait envoyé des négociateurs au congrès de

Vienne; ceux-ci n'avaient pas même pu franchir les frontières; les puissances coalisées voulaient recommencer la lutte. Une armée anglo-hollandaise, commandée par Wellington, était campée en Belgique; à quelques lieues de distance était une armée prussienne conduite par Blücher.

Pour combattre ces deux armées, Napoléon n'avait que 115,000 hommes et trois cent cinquante pièces de canon. Le 13, il était à Avesnes; un ordre du jour indiqua, pour le 14, Charleroi comme but des opérations qui allaient se faire. Le plus grand secret était recommandé aux généraux, car on allait se trouver au milieu des cantonnements de l'ennemi, sans qu'il fût encore informé de ces mouvements. C'était sur Blücher que devaient porter les premiers coups, et les Prussiens surpris allaient être écrasés, lorsque, le 15 au matin, Bourmont passa de leur côté pour aller les prévenir. Cette trahison, du reste, n'empêcha pas le succès de la journée.

Napoléon se trouvait ainsi placé entre les quartiers généraux de Blücher et de Wellington. Il chargea Ney de contenir les Anglais qui pouvaient venir de Bruxelles; lui-même, pendant ce temps, battait Blücher à Fleurus. « Si Ney exécute bien mes ordres, dit-il au général Gérard, il ne s'échappera pas un canon de l'armée prussienne. » Malheureusement Ney ne s'était pas suffisamment hâté d'accomplir sa mission; il revint trop tard, sa lenteur avait sauvé les Prussiens.

Grouchy, élevé à la dignité de maréchal et chargé de couper toute communication entre Blücher et Wellington, allait de même sauver les Anglais, en n'empêchant pas la jonction, et en n'arrivant pas assez tôt pour secourir l'armée française sur la droite.

Un combat acharné s'était engagé contre les Anglais dans la plaine de Waterloo, le 18 juin 1815. La vieille garde avait fait des prodiges de valeur, et la victoire paraissait certaine. Il était huit heures du soir, et Wellington, désespéré, debout contre un arbre, voyait tomber autour de lui l'élite de ses braves. Lord Hill, s'approchant de lui, lui demanda ce qu'il ordonnait. « Rien, répondit-il. — Mais vous pouvez être tué, et il est important que celui qui vous remplacera connaisse votre pensée. — Je n'en ai pas d'autre, répliqua Wellington, que de tenir ici tant que je pourrai. » Au même instant éclate un bruit soudain de mousqueterie et d'artillerie. « C'est Grouchy ! » s'écrie Napoléon, et cette nouvelle, répandue de rang en rang, redouble l'ardeur des soldats. Leur illusion ne devait pas être longue. C'était Blücher avec ses Prussiens ; c'était Bulow, qui, après sa défaite, avait rejoint son général en chef. Trois armées se trouvaient réunies contre les Français épuisés par une terrible lutte et une longue victoire ; toute résistance devenait impossible. Napoléon, au désespoir, voulut mourir au milieu des carrés de sa garde ; ses généraux durent l'entraîner de force. La nuit était venue quand nos soldats fuyaient ; beaucoup furent tués ; les Prussiens ne faisaient pas de prisonniers. Le clair de lune les favorisait encore. « La poursuite, dit Blücher dans son rapport, n'était qu'une véritable chasse, soit dans les champs, soit dans les maisons. »

L'empereur, en quittant le champ de bataille de Waterloo, avait expédié plusieurs officiers à Grouchy, pour lui faire connaître les événements de la journée et lui transmettre l'ordre de se diriger sur Laon, où devait se rallier l'armée. Il prit lui-même le chemin de cette ville, et y entra le lendemain, avec l'intention d'attendre les troupes et de continuer activement la lutte. Mais alors ses généraux insistèrent pour qu'il se rendît à Paris; il ne le voulait pas, sentant bien que c'était se livrer à ses ennemis. « Je suis convaincu que vous me faites faire une sottise, » s'écria-t-il. Il partit néanmoins, et le 20 il entrait à l'Elysée.

Là, il se retrouva, comme il l'avait prévu, au milieu des partis. Les ministres d'Etat, ainsi que Lucien et Joseph, étaient d'avis qu'on déclarât la patrie en danger, et qu'après avoir mis Paris en état de siége, on se défendît à outrance. D'un autre côté, la chambre des députés venait de se déclarer en permanence, et de proclamer crime de haute trahison toute tentative d'ajournement et de dissolution. Au milieu de ces incertitudes et de ces embarras, un temps précieux se perdait. Autour de l'Elysée se pressait une foule considérable, poussant des cris de *vive l'empereur!* mais à l'intérieur on pressait Napoléon d'abdiquer. « Quand j'aurai abdiqué, répondit-il à ses conseillers, vous n'aurez pas d'armée.... Dans huit jours l'étranger sera sous Paris. » Il finit cependant par céder à leurs instances, et, une heure après, le président de la chambre communiquait aux représentants un acte ainsi conçu :

DÉCLARATION AU PEUPLE FRANÇAIS.

« Français !

« En commençant la guerre pour soutenir l'in-

8.

dépendance nationale, je comptais sur la réunion
de tous les efforts, de toutes les volontés, et sur
le concours de toutes les autorités nationales ;
j'étais fondé à en espérer le succès, et j'aurais
bravé toutes les déclarations des puissances contre
moi.

« Les circonstances me paraissent changées. Je
m'offre en sacrifice à la haine des ennemis de la
France. Puissent-ils être sincères dans leurs déclarations et n'en avoir réellement voulu qu'à ma
personne ! Ma vie politique est terminée, et je
proclame mon fils, sous le titre de Napoléon II,
empereur des Français.

« Les ministres actuels formeront provisoirement le conseil de gouvernement. L'intérêt que je
porte à mon fils m'engage à inviter les chambres
à organiser, sans délai, la régence par une loi.

« Unissez-vous tous pour le salut public et pour
rester une nation indépendante !

« NAPOLÉON.

« Au palais de l'Elysée, le 22 juin 1815. »

Après cette abdication, des plénipotentiaires
furent envoyés pour négocier avec les coalisés, et
une commission du gouvernement fut nommée
par les deux chambres. Napoléon dut se retirer à
la Malmaison : sa présence à Paris entretenait,
disait-on, dans les esprits une agitation fâcheuse.
Là encore, il était trop près. Dans la journée
du 29, craignant l'arrivée des Prussiens, qui déjà
étaient à Saint-Germain, il partit, et le 3 juillet il
arriva à Rochefort; le 8, il s'embarqua pour l'île
d'Aix. Ayant attendu vainement les sauf-conduits
qui lui avaient été promis, il prit la résolution

hardie de se confier au capitaine anglais Maitland, commandant du *Bellérophon*. Le 14, il écrivit au prince régent d'Angleterre ces paroles mémorables :

« Altesse royale, en butte aux factions qui divisent mon pays et à l'inimitié des plus grandes puissances de l'Europe, j'ai terminé ma carrière politique, et je viens, comme Thémistocle, m'asseoir au foyer du peuple britannique. Je me mets sous la protection de ses lois, que je réclame de Votre Altesse royale comme du plus puissant, du plus constant et du plus généreux de mes ennemis. »

Le 15, en effet, le brick *l'Epervier* le conduisait vers le *Bellérophon*. Au moment d'aborder, le général Becker s'approchant pour lui faire ses adieux : « Retirez-vous, général, s'écria-t-il ; je ne veux pas qu'on puisse croire qu'un Français est venu me livrer à mes ennemis. » En prononçant ces mots, il lui tendit la main, et ne le fit éloigner qu'après l'avoir serré dans ses bras. En se présentant sur le vaisseau, il dit au capitaine Maitland : « Je viens à votre bord me mettre sous la protection des lois de l'Angleterre. » Pendant neuf jours, les vents contraires retardèrent la marche du *Bellérophon*, et le 24 seulement, il mouilla dans la rade de Torbay.

Cependant Gourgaud était revenu, sans avoir pu être admis auprès du prince régent. Qu'avait résolu l'Angleterre? On l'apprit bientôt. Le 30 juillet, l'amiral Keith remit une note ministérielle qui assignait l'île de Sainte-Hélène pour résidence au général Bonaparte. Quatre de ses fidèles serviteurs avaient seuls la permission de le suivre : c'étaient Bertrand, Montholon, Gourgaud et Las-Cases. Quant à lui, il adressa à l'Angleterre la protestation suivante :

« Je proteste solennellement ici, à la face du ciel et des hommes, contre la violence qui m'est faite, contre la violation de mes droits les plus sacrés, en disposant par la force de ma personne et de ma liberté. Je suis venu librement à bord du *Bellérophon;* je ne suis pas le prisonnier, je suis l'hôte de l'Angleterre. J'y suis venu à l'instigation même du capitaine, qui a dit avoir des ordres du gouvernement de me recevoir et de me conduire en Angleterre avec ma suite, si cela m'était agréable. Aussitôt assis à bord du *Bellérophon,* je fus sur le foyer du peuple britannique. Si le gouvernement, en donnant des ordres au capitaine du *Bellérophon* de me recevoir ainsi que ma suite, n'a voulu que me tendre une embûche, il a forfait à l'honneur et flétri son pavillon.

« Si cet acte se consumait, ce serait en vain que les Anglais voudraient parler de leur loyauté, de leurs lois et de leur liberté; la foi britannique se trouvera perdue dans l'hospitalité du *Bellérophon.*

« J'en appelle à l'histoire : elle dira qu'un ennemi qui fit vingt ans la guerre au peuple anglais, vint librement, dans son infortune, chercher un asile sous ses lois. Quelle plus éclatante preuve pouvait-il lui donner de son estime et de sa confiance? Mais comment répondit-on en Angleterre à une telle magnanimité? On feignit de tendre une main hospitalière à cet ennemi; et quand il se fut livré de bonne foi, on l'immola. »

Tout était inutile; le 8 août, Napoléon et sa suite montaient à bord du *Northumberland*, et, dans l'après-midi du même jour, on faisait voile pour Sainte-Hélène.

En apercevant pour la dernière fois les côtes de la France, à la hauteur du cap de la Hogue, l'empereur la salua en s'écriant : « Adieu, terre des braves! adieu, chère France! Quelques traîtres de moins, et tu serais encore la grande nation, la maîtresse du monde ! »

Pendant ce temps, de grands événements s'étaient passés : le 1er juillet, Wellington et Blücher étaient sous les murs de Paris; le 3, une capitulation était signée, et le 8, Louis XVIII rentrait avec les armées étrangères.

CHAPITRE X.

Napoléon à Sainte-Hélène.

Après soixante-six jours de navigation, les captifs du *Northumberland* aperçurent un point noir qui s'élevait du sein de l'Océan ; c'était le rocher de Sainte-Hélène.

Le 15 octobre, en abordant : « Ce n'est pas un beau séjour, dit l'empereur à ses compagnons. J'aurais mieux fait de rester en Egypte, je serais aujourd'hui empereur de tout l'Orient. » Le 17, il descendit à terre ; on lui avait assigné pour résidence Longwood, maison de campagne du sous-gouverneur, jadis construite pour servir de grange aux marchands de la Compagnie des Indes. C'était une maison malsaine, il s'en aperçut bientôt. « Ce pays est mortel, disait-il : partout où les fleurs sont étiolées, l'homme ne peut pas vivre. »

Cependant le ministère britannique, craignant sans doute que le gouverneur Cockburn n'eût trop d'égards pour son prisonnier, l'avait remplacé par Hudson-Lowe. Ce dernier déplut au premier abord à Napoléon. « Il est hideux, dit-il; c'est une face patibulaire. Mais ne nous hâtons pas de prononcer. Le moral, après tout, peut raccommoder ce que cette figure a de sinistre; cela ne serait pas impossible. »

Malheureusement il n'en fut pas ainsi : Hudson-Lowe, rendant la surveillance de plus en plus gênante, alla jusqu'à vouloir s'introduire dans la retraite de l'empereur. Indigné, Napoléon lui demanda s'il ne pouvait pas au moins lui laisser le seul bénéfice d'une prison, la solitude. « Malgré certaines contrariétés, ajoutait-il, l'amiral Cockburn avait mérité ma parfaite confiance; mais il ne paraît pas que son successeur soit jaloux de m'en inspirer une semblable. » Sir Hudson, blessé de ce reproche, répondit qu'il n'était pas venu pour recevoir des leçons.

« Ce n'est pourtant pas ma faute que vous en ayez besoin, reprit l'empereur. Vous m'avez dit, monsieur, que vos instructions étaient bien plus terribles que celles de l'amiral. Sont-elles de me faire mourir par le fer ou par le poison ? Je m'attends à tout de la part de vos ministres; me voilà, exécutez votre victime ! J'ignore comment vous vous y prendrez pour le poison; mais quant à m'immoler par le fer, vous en avez déjà trouvé le moyen. S'il vous arrive, ainsi que vous m'en avez fait menacer, de violer mon intérieur, je vous

préviens que le brave 53e n'y entrera que sur
mon cadavre. »

Le gouverneur, furieux, redoubla de violence.
Par son ordre, toute communication avec les habitants de l'île fut sévèrement défendue à Napoléon
et à ses compagnons ; leurs lettres étaient décache-
tées par des agents subalternes ; les journaux anglais et français leur étaient refusés ; enfin, il se
présenta un jour subitement devant l'empereur
pour lui signifier l'ordre de réduire la dépense de
Longwood. Napoléon ne put alors réprimer sa colère : « Vous n'avez jamais commandé, lui dit-il,
que des vagabonds et des déserteurs corses, des
brigands piémontais et napolitains. Je sais le nom
de tous les généraux anglais qui se sont distingués;
mais je n'ai jamais entendu parler de vous que
comme d'un scrivano de Blücher, ou comme d'un
chef de brigands. Le bourreau exécute les ordres
qu'il a reçus ; mais je ne crois pas qu'aucun gouvernement soit assez vil pour donner des ordres
pareils à ceux que vous faites exécuter.... Vous
avez plein pouvoir sur mon corps, mais aucun sur
mon âme. Cette âme est aussi fière, aussi coura-
geuse que quand elle commandait à l'Europe. Vous
n'êtes qu'un sbire sicilien et non pas un Anglais.
Ne vous présentez plus devant moi que lorsque
vous m'apporterez l'ordre de ma mort, et alors
toutes les portes vous seront ouvertes. »

Malgré cette défense, Hudson-Lowe tenta encore une fois de pénétrer dans l'asile de son prisonnier. Du plus loin que l'empereur l'aperçut:
« Retirez-vous, s'écria-t-il, monsieur, retirez-
vous. » Et comme le gouverneur insistait, il saisit
un fusil qui appartenait au général Bertrand, et le

menaça de l'étendre à ses pieds, s'il faisait un pas de plus.

Toutes ces souffrances de chaque jour, jointes à l'insalubrité du climat, minaient sa santé ; et à ce moment, où il aurait eu plus que jamais besoin de ses compagnons d'exil, presque tous lui étaient ravis. Le docteur O'Meara était renvoyé en Angleterre ; il avait osé écrire au ministère britannique que l'air de Sainte-Hélène suffirait pour tuer le prisonnier. En même temps Las-Cases et son fils étaient enlevés et transportés au Cap, pour avoir confié à un tiers une lettre non communiquée au gouverneur. Gourgaud, succombant sous l'influence d'un ciel meurtrier, avait été renvoyé en Europe par l'empereur lui-même. Quatre compagnons dévoués lui manquaient à la fois ! Bertrand et Montholon lui restaient seuls.

Durant un an entier, épuisé par la souffrance, il demeura sans médecin ; sa maladie avait pris un caractère incurable, lorsqu'on vit arriver le docteur Antomarchi, professeur de Florence. Les chanoines Buonavita et Vignali l'accompagnaient. Tous trois étaient Corses ; ils étaient envoyés par le cardinal Fesch.

La vue de ses compatriotes le consola quelques instants, en lui rappelant ses jeunes années. « Ah ! docteur, disait-il, quels souvenirs la Corse m'a laissés ! Je jouis encore de ses sites, de ses montagnes ; je la foule, je la reconnais à l'odeur qu'elle exhale. Je voudrais l'améliorer, la rendre heureuse, tout faire, en un mot, pour elle : le reste de la France n'eût pas désapprouvé ma prédilection. »

Un autre jour, c'était au souvenir de la France

qu'il oubliait ses malheurs et ses maux. Faible et accablé, il était assis dans son jardin, promenant ses regards sur l'immensité de l'horizon. « Ah ! s'écriait-il, où est la France ? où est son riant climat ? Si je pouvais la contempler encore ! Si je pouvais respirer au moins un peu d'air qui eût touché cet heureux pays ! Quel spécifique que le sol qui nous a vus naître ! Antée réparait ses forces en touchant la terre : ce prodige se renouvellerait pour moi, je le sens ; je serais revivifié, si j'apercevais nos côtes. »

Durant les années 1819 et 1820, la maladie poursuivit son cours ; en vain quelques intervalles de repos donnaient-ils parfois de trompeuses espérances. Le docteur O'Meara, de retour à Londres, fatiguait de ses avertissements le ministère anglais. « Si le même traitement est continué, écrivait-il à lord Bathurst, la mort de Napoléon est aussi certaine, sinon aussi prochaine, que si on le livrait au bourreau. »

En effet, peu de temps après, le 20 juillet, Antomarchi fit avertir la famille de Napoléon de son état désespéré. Le 15 septembre, Bertrand écrit dans le même sens une lettre pressante au chef du ministère, lord Liverpool.

Au commencement de l'année 1821, le mal redoubla d'intensité : c'était une affection du foie, maladie presque toujours mortelle. Le 17 mars, Napoléon était alité ; il pensait toujours à la France. « 17 mars ! dit-il ; à pareil jour, il y a six ans (il était à Auxerre, revenant de l'île d'Elbe), il y avait des nuages au ciel. Ah ! je serais guéri, si je voyais ces nuages. »

Il ne se faisait pas illusion sur sa fin prochaine.

« Il n'y a rien, disait-il, de terrible dans la mort.
Elle a été la compagne de mon oreiller pendant ces
trois semaines, et à présent elle est sur le point de
s'emparer de moi pour jamais. » Le 19 avril, ses
compagnons se réjouissaient d'une apparente amé-
lioration. « Vous ne vous trompez pas, leur dit-il ;
je vais mieux aujourd'hui, mais je n'en sens pas
moins que ma fin approche. » Sur ces entrefaites,
voyant entrer le docteur Arnold, chargé par le
gouverneur de constater l'état du malade : « C'en
est fait, docteur, lui dit-il, le coup est porté. Je
touche à ma fin : je vais rendre mon corps à la
terre. » Puis, s'interrompant brusquement, il s'é-
cria d'un ton solennel : « Approchez, Bertrand,
traduisez à monsieur ce que vous allez entendre ;
rendez tout, n'omettez pas un mot :

« J'étais venu m'asseoir au foyer du peuple britannique ; je demandais une loyale hospitalité,
et, contre tout ce qu'il y a de droits sur la terre,
on me répondit par des fers. J'eusse reçu un autre
accueil d'Alexandre ; l'empereur François m'eût
traité avec égards ; le roi de Prusse même m'eût
été plus généreux. Mais il appartenait à l'Angleterre de surprendre, d'entraîner les rois, et de
donner au monde le spectacle inouï de quatre
grandes puissances s'acharnant sur un seul homme !
C'est votre ministère qui a choisi cet affreux rocher, où se consume, en moins de trois années,
la vie des Européens, pour y achever la mienne
par un assassinat !

« Et comment m'avez-vous traité depuis que je
suis exilé sur cet écueil ? Il n'y a pas une indignité,
pas une horreur dont vous ne vous soyez fait une
joie de m'abreuver. Les plus simples communica-

tions de famille, celles même qu'on n'a jamais
interdites à personne, vous me les avez refusées.
Vous n'avez laissé arriver jusqu'à moi aucune nouvelle, aucun papier d'Europe ; ma femme, mon
fils même n'ont plus vécu pour moi ; vous m'avez
tenu six ans dans la torture du secret.

« Dans cette île inhospitalière, vous m'avez
donné pour demeure l'endroit le moins fait pour
être habité, celui où le climat meurtrier du tro-
pique se fait le plus sentir. Il m'a fallu me ren-
fermer entre quatre cloisons, dans un air malsain,
moi qui parcourais à cheval toute l'Europe. Vous
m'avez assassiné longuement, en détail, avec pré-
méditation, et l'infâme Hudson a été l'exécuteur
des hautes-œuvres de vos ministres. Vous finirez
comme la superbe république de Venise ; et moi,
mourant sur cet affreux rocher, privé des miens
et manquant de tout, je lègue l'opprobre et
l'horreur de ma mort à la famille régnante d'Angleterre. »

Deux jours après, il manda l'abbé Vignali, qui
s'acquitta près de lui de son ministère ; le 28,
après une nuit de souffrances, il retrouva assez de
forces pour donner à Antomarchi les instructions
suivantes :

« Après ma mort, qui ne peut être éloignée, je
veux que vous fassiez l'ouverture de mon cadavre.
Je souhaite que vous preniez mon cœur, que vous
le mettiez dans de l'esprit-de-vin, et que vous le
portiez à Parme, à ma chère Marie-Louise. Vous
vous rendrez à Parme, vous irez trouver ma mère,
ma famille ; vous direz au moins que le grand

Napoléon a expiré sur ce triste rocher, dans l'état le plus déplorable, manquant de tout, abandonné à lui-même et à la gloire.

Le 2 mai, le délire s'empara de lui; il était dans ses rêves transporté en Italie. «Allez, courez, s'écria-t-il; Desaix, Masséna, pressez la charge! Ils sont à nous! » Puis il saute à terre, veut aller dans le jardin, et tombe en arrière dans les bras d'Antomarchi.

Le lendemain, le calme étant revenu, il en profita pour donner à Bertrand et à Montholon de salutaires avertissements :

« Je vais mourir; vous allez repasser en Europe. Je vous dois quelques conseils sur la conduite que vous avez à tenir. Vous avez partagé mon exil, vous serez fidèles à ma mémoire; vous ne ferez rien qui puisse la blesser. J'ai sanctionné tous les principes, je les ai infusés dans mes lois, dans mes actes; il n'y en a pas un seul que je n'aie consacré. Malheureusement, les circonstances étaient graves. J'ai été obligé de sévir, d'ajourner; les revers sont venus, je n'ai pu débander l'arc, et la France a été privée des institutions libérales que je lui destinais. Elle me juge avec indulgence; elle me tient compte de mes intentions; elle chérit mon nom, mes victoires. Imitez-la. soyez fidèles aux opinions que nous avons défendues, à la gloire que nous avons acquise; il n'y a hors de là que honte et confusion. »

La nuit suivante, une tempête furieuse éclata

sur Sainte-Hélène ; un saule que chérissait l'empereur, et sous l'ombre duquel il se reposait dans ses promenades, ne fut pas épargné.

Les symptômes de l'agonie dernière se manifestèrent dans la journée du 4. L'ouragan n'avait pas cessé, et il semblait que la nature elle-même fût en deuil.

Le 5, commença pour Napoléon le jour qui devait être le dernier d'une vie si glorieuse et si remplie. Dès l'aurore, il s'était éveillé d'un sommeil léthargique de plusieurs heures ; de sa bouche s'échappent quelques sons entrecoupés : « Tête.... armée.... » Vingt minutes après, une légère écume blanchit ses lèvres : la mort venait d'affranchir le redoutable captif.

Napoléon fut enterré au fond d'une petite vallée qu'on appelle *Vallée du Germain*, près de deux saules pleureurs arrosés par un filet d'eau limpide. Il avait écrit dans son testament :

« Je désire que mes cendres reposent sur les bords de la Seine, au milieu de ce peuple français que j'ai tant aimé. »

Tant que dura la Restauration, aucune voix ne s'éleva pour demander l'accomplissement de ce vœu. Mais après la révolution de 1830, de toutes parts on réclama du gouvernement nouveau la restitution à la France des cendres de l'empereur. Enfin, après dix ans d'attente, M. Thiers, alors ministre, s'adressa au gouvernement anglais, qui consentit à sa demande.

Le prince de Joinville, chargé par le roi, son père, d'aller à Sainte-Hélène recueillir les restes mortels de Napoléon, partit de Toulon, le 7 juillet

1840, avec la frégate *la Belle-Poule* et la corvette *la Favorite*. Bertrand et Gourgaud l'accompagnaient.

La visite à Longwood fut solennelle et triste; rien n'avait été respecté des souvenirs du grand homme; dans le salon où il avait rendu le dernier soupir était un moulin à blé, la chambre à coucher était transformée en écurie.

La cérémonie de l'exhumation se fit au milieu de l'émotion générale; chacun fut étonné de l'état de parfaite conservation du corps. Les mains étaient blanches et charnues, et les traits à peine altérés.

Le 18 octobre, on mit à la voile avec le précieux dépôt : les restes de Napoléon reposaient enfin sous le pavillon national.

De Cherbourg au Havre, et du Havre à Paris, ce fut partout le même enthousiasme. Ce n'était plus une procession funèbre; c'était une marche triomphale.

Le 15 décembre, à onze heures et demie, au milieu d'une foule immense, le char impérial entrait sous l'arc de triomphe de l'Etoile, au bruit des salves de canon. La garde nationale et la troupe de ligne formaient la haie jusqu'à l'église des Invalides, où il devait s'arrêter.

A deux heures, le roi, qui l'attendait dans l'intérieur de l'église, alla au-devant du cortége jusqu'à l'entrée du dôme. Là, le prince de Joinville lui dit :

« Sire, je vous présente le corps de Napoléon, que j'ai ramené en France conformément à vos ordres. » Le roi lui répondit : « Je le reçois au nom de la France. »

L'épée de l'empereur était portée sur un coussin par le général Athalin : le roi la prit des mains du maréchal Soult et la remit au général Bertrand.

« Général, lui dit-il, je vous charge de placer la glorieuse épée de l'empereur sur son cercueil. »

Depuis ce temps, Napoléon repose dans la paix du tombeau sous le dôme des Invalides.

FIN.

ROUEN. — Imp. NIEL, rue Bassesse, 5.

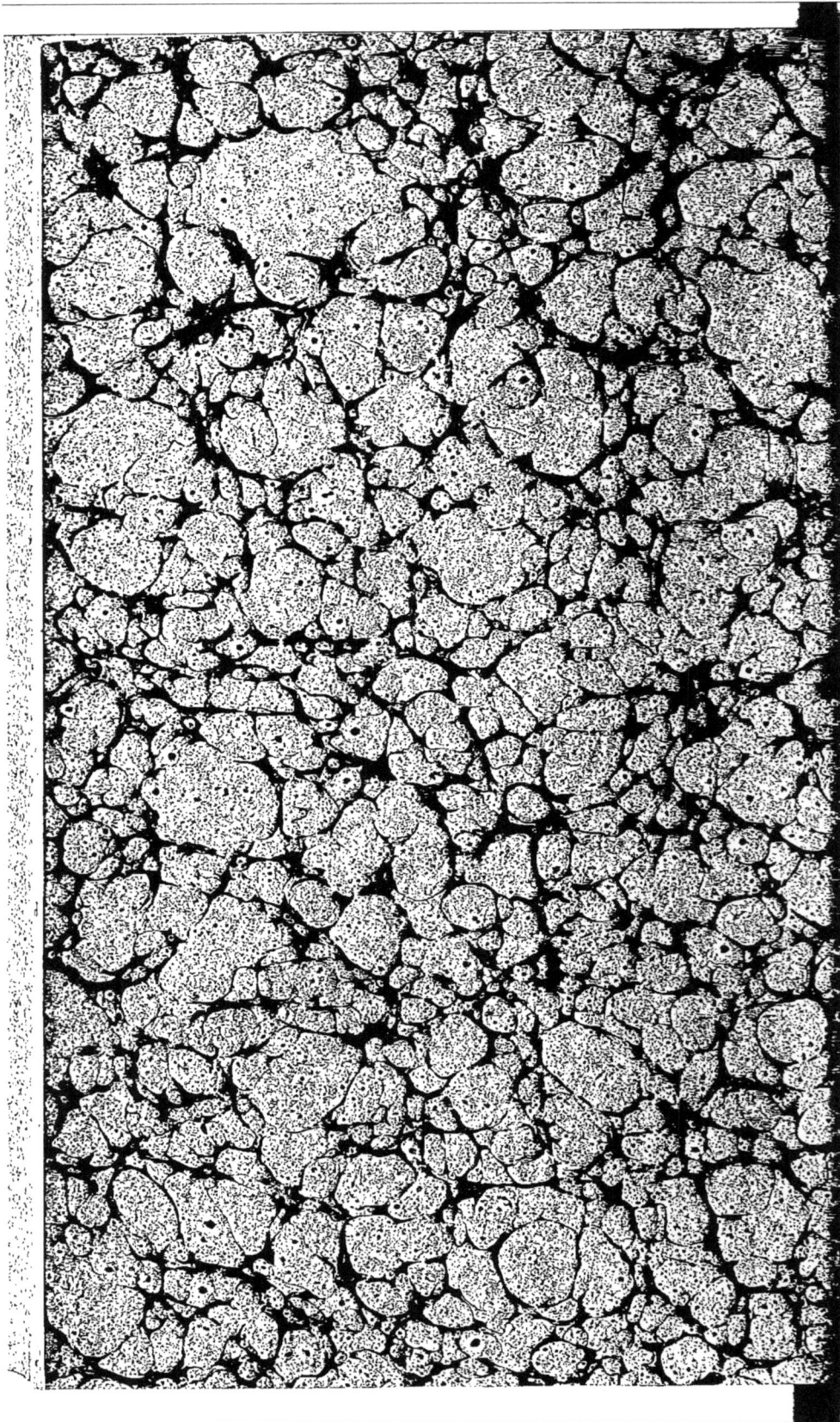

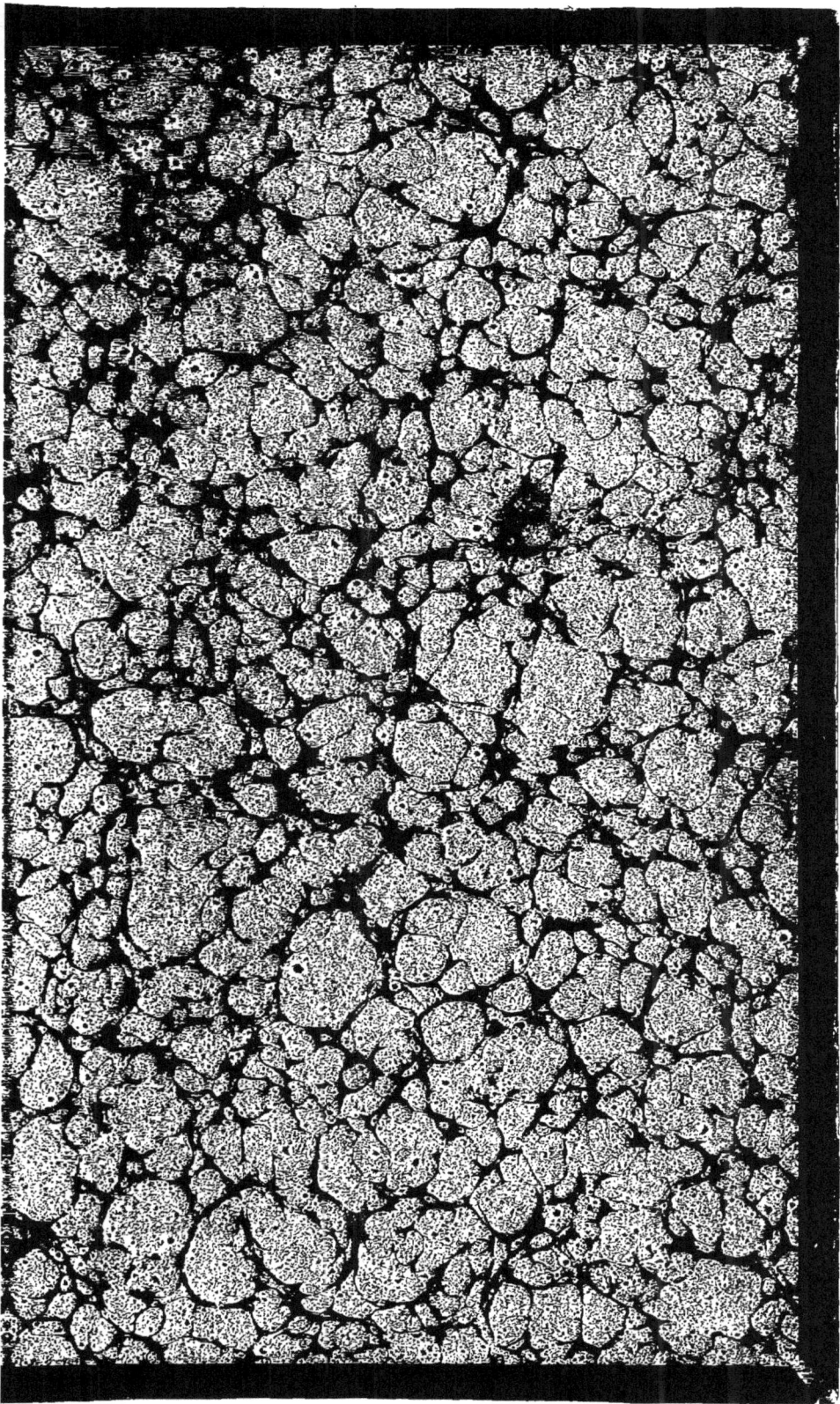

www.ingramcontent.com/pod-product-compliance
Lightning Source LLC
Chambersburg PA
CBHW071953090426
42740CB00011B/1929